もくじ

教育出版版 英語 **3**年

リスニング音声は
こちらから聞けるよ！

音声を web サイトよりダウンロードする
ときのパスワードは『**97MTR**』です。

テストの範囲や
学習予定日を
かこう！

学習計画	
出題範囲	学習予定日
5/14	5/10
テストの日	5/11

JN096318

✍ 解答と解説 ・・・・・・・・・・・・・・・・・・・・・・・・・・・・・ 別冊

✍ **ふろく** テストに出る！ **5分間攻略ブック** ・・・・・・ 別冊

Review Lesson

HELLO!

Washoku, or Japanese Cuisine

テストに出る! **ココ**が**要点**＆**チェック**!

重要表現の復習

教 p.4〜p.8

1 〈疑問詞＋to＋動詞の原形〉　➡★(1)〜(3)

〈疑問詞（what / when / where / how）＋to＋動詞の原形〉は「すべきこと」や「〜の仕方」という意味を表す。

I don't know **what to buy**.

　　　　　私は何を買うべきかわかりません。

Please tell me **when to start the party**.

　　　　　パーティーをいつ始めるべきか教えてください。

┌─ 疑問詞＋to＋動詞の原形 ─┐
- ▶what to 〜　何を〜するべきか
- ▶when to 〜　いつ〜するべきか
- ▶where to 〜
　　　　どこに［で］〜するべきか
- ▶how to 〜　どのように〜するか
　　　　　　　　［〜の仕方］

2 〈動詞＋人［もの］＋〜〉　➡★(4)〜(6)

〈call＋人［もの］＋〜〉で「人［もの］を〜と呼ぶ」，〈make＋人［もの］＋〜〉で「人［もの］を〜にする」，〈name＋人［もの］＋〜〉で「人［もの］を〜と名づける」の意味。

Liz **calls** **her dog** **Lucky**.
　主語　動詞　　目的語　　名詞

リズは自分の犬をラッキーと呼んでいます。

The news **makes** **me** **sad**.
　主語　　動詞　目的語 形容詞

その知らせは私を悲しい気持ちにさせます。

┌─ 覚えておきたい文の形 ─┐
- ▶call A B　　AをBと呼ぶ
- ▶make A B　AをBにする
- ▶name A B　AをBと名づける

3 〈It is ... {for (人)} to 〜〉　➡★(7)(8)

主語が長いときは it を主語として，〈It is ... {for〈人〉} to 〜〉で「（〈人〉が）〜するのは…である」という意味を表す。

It is easy **for me to** answer this question.　私にとってこの質問に答えるのは簡単です。

It was hard **for me to** climb the mountain.　私にとってその山を登るのは困難でした。

☆チェック!　（　）内の適する語を選びなさい。

1
- □ (1) Tell me (where / which) to put this table.　このテーブルをどこに置くべきか教えてください。
- □ (2) I don't know (what / how) to play the violin.　私はバイオリンの弾き方を知りません。
- □ (3) He will tell you (which / what) to do.　何をすべきか彼が教えてくれます。

2
- □ (4) They named (him / for him) Joe.　彼らは彼をジョーと名付けました。
- □ (5) The song makes me (be happy / happy).　その歌は私を幸せにしてくれます。
- □ (6) We call our dog (Alex / is Alex).　私たちは自分たちの犬をアレックスと呼んでいます。

3
- □ (7) It is bad (to / for) us to sit for a long time.　私たちにとって長時間すわるのはよくありません。
- □ (8) It is important for me (read / to read) books.　私にとって本を読むことは大切です。

☆チェック! の答えは次ページ ⤵

テスト対策問題

テスト対策✷ナビ

🎵 リスニング

♪ a01

1 対話と質問を聞いて，その答えとして適するものを一つ選び，記号で答えなさい。

(1) ア Yuta's smartphone.　イ　Sandy's smartphone.
ウ　She doesn't know how to use it.　　　　（　　　）

(2) ア She likes volleyball.　イ　She likes basketball.
ウ　He likes basketball.　　　　（　　　）

2 (1)〜(6)は単語の意味を書きなさい。(7)〜(10)は日本語を英語にしなさい。

(1) chance　（　　　　　）　(2) discover　（　　　　　）
(3) recommend（　　　　　）　(4) cuisine　（　　　　　）
(5) own　　（　　　　　）　(6) scientist　（　　　　　）
(7) 〜を訪ねる＿＿＿＿＿　(8) それぞれの＿＿＿＿＿
(9) 〜と名付ける＿＿＿＿　(10) 伝統　　＿＿＿＿＿

2 重要単語
(9)「名前」という名詞を動詞として使う。

3 重要表現
(1)「どこを〜すべきか」は where to 〜で表す。
(2)主語 the work は「疲れさせる」もの。

ポイント
・call 〜と呼ぶ
・name 〜と名付ける
・make 〜にするの意味に注意。

3 次の日本文にあうように，＿＿＿に適する語を書きなさい。

(1) 彼らは私に，日本ではどこを訪ねるべきか教えてくれました。
They told me ＿＿＿＿＿＿＿＿ ＿＿＿＿＿＿＿ visit in Japan.

(2) その仕事で私たちはとても疲れました。
The work ＿＿＿＿＿＿ us very ＿＿＿＿＿＿.

(3) 両親は彼女にメアリーという名をつけました。
The parents ＿＿＿＿＿＿ ＿＿＿＿＿＿ Mary.

4 〔　〕内の語句を並べかえて，日本文にあう英文を書きなさい。

(1) その写真は彼が撮りました。The 〔 him / by/ was / taken / picture 〕.
The ＿＿＿＿＿＿＿＿＿＿＿＿＿＿＿＿.

(2) 私は山を見たいです。I 〔 mountains / to / want / see 〕.
I ＿＿＿＿＿＿＿＿＿＿＿＿＿＿＿＿.

(3) 私は歌い方を教えています。I 〔 sing / teach / to / how 〕.
I ＿＿＿＿＿＿＿＿＿＿＿＿＿＿＿＿.

4 重要表現
(1)「写真」は「撮られる」もの。
(2)「〜したい」は want to 〜で表す。

5 次の日本文を英語になおしなさい。

(1) 私たちの町に来る機会があれば，知らせてください。
＿＿＿＿＿＿＿＿＿＿＿＿＿＿＿＿＿＿＿

(2) 私はそのチケットの買い方を知りません。(to を使って)
＿＿＿＿＿＿＿＿＿＿＿＿＿＿＿＿＿＿＿

5 英作文
(1)「知らせてください」を表す決まった表現。
(2)「〜の仕方」は「どのように〜するか」と同じ。

p.2 答　(1) where　(2) how　(3) what　(4) him　(5) happy　(6) Alex　(7) for　(8) to read

3

Review Lesson
Washoku, or Japanese Cuisine

⏱ 30分 /100点

1 対話を聞いて，内容に合う絵を選び，記号で答えなさい。 ♪ a02 〔4点〕

ア　イ　ウ　エ

（　　　）

2 対話と質問を聞いて，その答えとして適するものを一つ選び，記号で答えなさい。

ア　Kenji's favorite food.　　イ　Kenji's dog's name.　　♪ a03 〔4点〕

ウ　They call him Pumpkin.　エ　Jane's idea.

（　　　）

3 次の各組の文がほぼ同じ内容になるように，＿＿に適する語を書きなさい。

3点×4〔12点〕

(1) I had a lot of homework, so I went to bed late last night.

I went to bed late last night ＿＿＿＿＿＿＿ I had a lot of homework.

(2) We can recommend some hotels in Kyoto.

We can recommend ＿＿＿＿＿＿ to ＿＿＿＿＿＿ in Kyoto.

(3) I need to study hard on the weekend.

It is ＿＿＿＿＿＿ ＿＿＿＿＿＿ me to study hard on the weekend.

(4) What do you want to eat for lunch?

Do you have any ideas about ＿＿＿＿＿＿ ＿＿＿＿＿＿ eat for lunch?

4 次の日本文にあうように，＿＿に適する語を書きなさい。 5点×5〔25点〕

(1) 私はあなたのお兄さんがアメリカに住んでいることを知りませんでした。

I didn't know ＿＿＿＿＿＿ your brother ＿＿＿＿＿＿ in America.

(2) サチコは弟が家に戻ってきたときテレビを見ていました。

Sachiko ＿＿＿＿＿＿ ＿＿＿＿＿＿ TV when her brother came home.

(3) ジェームズについて何か聞いたら知らせてください。

Please let me know ＿＿＿＿＿＿ you ＿＿＿＿＿＿ anything about James.

(4) 近ごろでは，面白い映画を見つけるのは簡単ではありません。

＿＿＿＿＿＿ is not easy ＿＿＿＿＿＿ find interesting movies these days.

(5) 私は自分自身の国の食べ物の伝統についてあまり知りません。

I don't know much about the food ＿＿＿＿＿＿ of my ＿＿＿＿＿＿ country.

5 次の英文を読んで，あとの問いに答えなさい。　　　　5点×4〔20点〕

①Umami was discovered by a Japanese scientist 〔 ago / than / one hundred / more / years 〕. He named the taste umami. ②I didn't know that umami is now an English word and ③(　　　　)(　　　　) many chefs around the world.
④(　　　　)(　　　　) so interesting (　　　　)(　　　　) to learn about Japanese cuisine from a French person.

(1) 下線部①が「100年以上も前に，うまみは日本の科学者により発見されました」という意味になるように，〔 〕の語を並べかえなさい。

Umami was discovered by a Japanese scientist _____

_____ .

(2) 下線部②の英文を日本語になおしなさい。

(　　　　　　　　　　　　　　　　　　　　　　　　　　　　　　　　　　　　　)

(3) 下線部③が「世界中の多くのシェフに知られています」という内容になるように，(　) に適する語を書きなさい。

_____ _____ many chefs around the world.

(4) 下線部④が「日本料理についてフランスの人から学ぶことは，私にはとても面白かったです」という内容になるように，(　)に適する語を書きなさい。

_____ _____ so interesting _____ _____

to learn about Japanese cuisine from a French person.

6 〔 〕内の語句を並べかえて，日本文にあう英文を書きなさい。　　　5点×4〔20点〕

(1) このホテルはある家族が経営しています。　This 〔 a / by / is / family / hotel / run 〕.

This _____ .

(2) この川で泳ぐのは安全ではありません。　It's 〔 to / swim / not / river / in / this / safe 〕.

It's _____ .

(3) それぞれの人のために，いすがあります。　There 〔 person / a / each / chair / for / is 〕.

There _____ .

(4) これは家族と見るとよいショーです。

This is 〔 family / watch / show / a / with / your / good / to 〕.

This is _____ .

7 次の日本文を英語になおしなさい。　　　　5点×3〔15点〕

(1) この問題について何をすべきか私に教えてもらえますか。(can と to を使って)

_____

(2) 朝早く起きるのはあなたにとって良いことです。(It's で始めて)

_____

(3) 私はその本の基本のストーリーを知っています。

_____

Lesson 1 〜 Tips ② for Writing

Aya Visits Canada

✁ テストに出る！ **ココ** が **要点** & **チェック!**

現在完了形（完了と経験）

数 p.10〜p.17

1 現在完了形（完了）「〜し終えました」

➡★ (1)〜(3)

過去の動作や状態が現在は終わっていることは〈have[has] + 動詞の過去分詞形〉で表す。

過去のことを述べる過去形と異なり，過去の特定の時を表す副詞を使わない。

肯定文 I have just finished my homework.

×I have finished my homework yesterday.
　　　　　　　　　　　　　　　　　過去の特定の時
　　　　　　　　私はちょうど宿題が終わったところです。

否定文 I haven't[have not] finished my homework yet.

　　　　　　　私はまだ宿題が終わっていません。

疑問文 Have you finished your homework yet?
　　　　└▶have[has] + 主語 + 過去分詞　　宿題はもう終わりましたか。

— Yes, I have. / No, I haven't[have not].

　　　　— はい，終わりました。/ いいえ，終わっていません。

・よく使われる副詞・
▶肯定文→ just（ちょうど），
　already（すでに）
▶否定文→ yet（まだ）
▶疑問文→ yet（もう）

・短縮形・
▶have [has] + not
　= haven't[hasn't]
▶I[You] + have
　= I've[You've]

2 現在完了形（経験）「〜した経験があります」

➡★ (4)〜(6)

過去の経験は〈have[has] + 動詞の過去分詞形〉で表す。過去にやったことではなく，現在において過去にやった経験を持つことを表す。

肯定文 I have read the book before.

　　　　　　　私は以前にその本を読んだことがあります。

否定文 I haven't[have not] read the book before.

have[has] + not + 過去分詞◀┘　私は以前にその本を読んだことがありません。

疑問文 Have you read the book?　その本を読んだことがありますか。
　　　　└▶have[has] + 主語 + 過去分詞

— Yes, I have. / No, I haven't[have not].

　　　　　　　— はい，あります。/ いいえ，ありません。

・よく使われる副詞・
before 以前に
once 1度
twice 2度

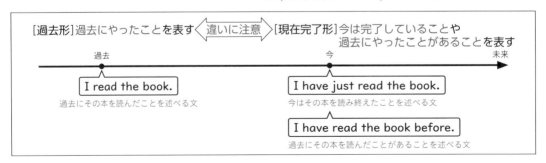

[過去形]過去にやったことを表す 〈違いに注意〉 [現在完了形]今は完了していることや
　　　　　　　　　　　　　　　　　　　　　　　　　　　　過去にやったことがあることを表す

過去　　　　　　　　　　　　今　　　　　　　未来

I read the book.
過去にその本を読んだことを述べる文

I have just read the book.
今はその本を読み終えたことを述べる文

I have read the book before.
過去にその本を読んだことがあることを述べる文

重要表現

3 目的地までの行き方を尋ねる

➡★ (7)〜(9)

目的地までの行き方を尋ねるときの，決まった言い方をおぼえておこう。

相手の注意をひく言葉：**Excuse me.** すみません。

ていねいな尋ね方：

Could you tell me **how to get to** 〜？ 〜への行き方を教えていただけますか。

⇩ 「〜を教えていただけますか」

⇩ 「〜への行き方」

受け答えの仕方

理解を表す言葉：**Got it.** わかりました。

I see. わかりました。

お礼の言葉：**Thanks.** ありがとう。

Thank you. より少しくだけた表現

┌── 目的地までの行き方を教える ──
▶依頼を引き受ける言葉：
Sure. もちろんです。
▶指示は命令形になる：
Take 〜. 〜に乗ってください。
Change to 〜.
　　　〜に乗りかえてください。

4 英語で手紙を書く

➡★ (10)(11)

英語で手紙を書くときの形式と，よく使われる表現をおぼえておこう。

Dear 〜, 〜へ

I hope you are doing well. お元気でいることと思います。

I'll be looking forward to hearing from you. ご連絡をお待ちしています。

Your friend, あなたの友より， **Best wishes,** ご多幸をいのって，

日付の書き方	曜日＋月＋日＋西暦
Sunday, May 23, 2021　2021 年 5 月 23 日(日)	(イギリスでは曜日＋日＋月＋西暦)

☆チェック! (1)〜(6)は( )内の適する語を選び，(7)〜(11)は____ に適する語を書きなさい。

1
- ☐ (1) I have just (call / called) John.　私はちょうどジョンに電話をしたところです。
- ☐ (2) I haven't (do / done) shopping yet.　私はまだ買い物を済ませていません。
- ☐ (3) Has Liz (tell / told) you about it yet?　リズはもうそのことをあなたに教えましたか。

2
- ☐ (4) I have (be / been) to Australia.　私はオーストラリアに行ったことがあります。
- ☐ (5) I have never (see / seen) sumo.　私は相撲を見たことがありません。
- ☐ (6) Have you (have / had) a dog before?　あなたは以前に犬を飼ったことはありますか。

3
- ☐ (7) _____ _____.　(相手の注意をひく)すみません。
- ☐ (8) _____ you tell me _____ to get to the station?　駅への行き方を教えていただけますか。
- ☐ (9) _____ it.　わかりました。

4
- ☐ (10) I'll be _____ forward to _____ _____ you.　ご連絡をお待ちしています。
- ☐ (11) _____, _____ 14, 2021　2021 年 8 月 14 日金曜日

テスト対策問題

♪ リスニング

♪ a04

1 対話と質問を聞いて，その答えとして適するものを一つ選び，記号で答えなさい。

(1) ア　The old movie.　　イ　The new movie.

ウ　Jane.　　　　　　　　　　　　　　　　　（　　）

(2) ア　Yes, he has.　　イ　He has visited the museum.

ウ　No, he hasn't.　　　　　　　　　　　　　（　　）

2 (1)〜(6)は単語の意味を書きなさい。(7)〜(10)は日本語を英語にしなさい。

(1) east　（　　　　　）　(2) host　（　　　　　）

(3) pass　（　　　　　）　(4) boil　（　　　　　）

(5) serve　（　　　　　）　(6) smell　（　　　　　）

(7) 登る　＿＿＿＿＿＿　(8) もう，すでに ＿＿＿＿＿

(9) 〜を加える＿＿＿＿　(10) 一歩踏み込む＿＿＿＿＿

2 重要単語
(3)(4)(5)(6)は動詞。

3 次の日本文にあうように，＿＿に適する語を書きなさい。

(1) 今日，私たちは野球をするつもりです。

We are ＿＿＿＿＿＿ ＿＿＿＿＿＿ play baseball today.

(2) あなたは空を飛んでいるように感じるでしょう。

You'll ＿＿＿＿＿＿ ＿＿＿＿＿＿ you are flying.

(3) 私はこの手紙を日本語に翻訳したいと思います。

I want to ＿＿＿＿＿ this letter ＿＿＿＿＿ Japanese.

(4) 私はサラダ用の野菜を切り刻みました。

I ＿＿＿＿＿＿ ＿＿＿＿＿＿ vegetables for salad.

(5) 明日は私の誕生日です。待ちどおしい！

Tomorrow is my birthday. I ＿＿＿＿＿＿ ＿＿＿＿＿＿ ！

(6) バスケットボールをしよう！

Let's ＿＿＿＿＿＿ basketball!

3 重要表現
(1)予定を表す。

ポイント
短縮形
・you will → you'll
・can not → can't

(3) want to 〜 ＝ 〜したいと思う
(4)単に「切る」ではないことに注意。
(5)「待ちどおしい」を表す決まった表現。

4 次の文の＿＿に，（　）内の語を適する形にかえて書きなさい。

(1) The English lesson has just ＿＿＿＿＿＿.（start）

(2) I have already ＿＿＿＿＿＿ the new movie.（watch）

(3) I haven't ＿＿＿＿＿ lunch yet.（have）

(4) Have you ＿＿＿＿＿ the news yet?（hear）

(5) Have you ＿＿＿＿＿ the answer?（check）

4 現在完了形（完了）
(1) just＝ちょうど
(2) already＝すでに
(3) yet＝まだ
(4) yet＝もう
(5) check＝〜を調べる

p.7答 ▶ (1) called　(2) done　(3) told　(4) been　(5) seen　(6) had　(7) Excuse me　(8) Could[Can] / how　(9) Got
(10) looking / hearing from　(11) Friday / August

5 次の英文を読んで，あとの問いに答えなさい。

5 本文の理解

Dear Hanna,

① 〔 from / come / just / have / I / back 〕 Souris East Lighthouse. You were right! It was really beautiful!

My host parents and I ②（　　　）（　　　）（　　　）（　　　） and saw some fantastic views of the harbor. ③ Thanks for recommending the lighthouses here! ④ I haven't had （　　　）（　　　）（　　　）（　　　） the other ones yet, but I still have two more weeks.

(1) 下線部①が「私はちょうどスーリ・イースト灯台から帰ったところです」という意味になるように，〔　〕内の語を並べかえなさい。

_____

Souris East Lighthouse.

(2) 下線部②が「てっぺんに登った」という意味になるように，（　）に適する語を書きなさい。

_____ _____ _____ _____

(3) 下線部③を日本語になおしなさい。

（　　　　　　　　　　　　　　　　　　　　　　　）

(4) 下線部④が「私にはまだ，他のもの(灯台)を訪ねる時間がありません」という意味になるように，（　）に適する語を書きなさい。

I haven't had _____ _____ _____

_____ the other ones yet

6 次の日本文にあうように，___ に適する語を書きなさい。

(1) 私はシーフードチャウダーを以前に食べたことがあります。

I _____ had seafood chowder _____ .

(2) あなたはこれまでにその港をたずねたことがありますか。

_____ you _____ visited the harbor?

7 次の文が（　）の内容の文となるよう，___ に適する語を書きなさい。

(1) （以前に物語を作ったことがあるか尋ねる）

_____ you made a story _____ ?

(2) （チョコレートケーキを作った経験がないと言う）

I _____ _____ chocolate cake before.

8 次の日本文を英語になおしなさい。

(1) 私の母はちょうど買い物を済ませたところです。

_____

(2) ジュディ(Judy)はまったくギターを弾いたことがありません。

_____

(1)「ちょうど〜したところ」は現在完了形で表す。
(2)〈動詞の過去形＋前置詞＋名詞〉の語順。
(3)Thanks for 〜はくだけた表現。

6 現在完了形(経験)

ポイント
経験を述べる文の副詞
・before 以前
　once 一度
　twice 二度
経験をたずねる文の副詞
・ever これまで

7 現在完了形(経験)
(1)経験を尋ねる文。

8 英作文
(1)「ちょうど」は just で表す。
(2)「(楽器)を演奏する」は play the 〜。

9

テストに出る！
予想問題

Lesson 1 〜 Tips ② for Writing
Aya Visits Canada

🕐 30分

/100点

🎵 **1** 対話を聞いて，内容に合う絵を選び，記号で答えなさい。　　🎵 a05　〔4点〕

（　　　）

🎵 **2** 対話と質問を聞いて，その答えとして適するものを一つ選び，記号で答えなさい。

ア　Yes, she has.　　　イ　No, she doesn't have any homework.　　🎵 a06　〔4点〕

ウ　No, she hasn't.　　　エ　Yes, she has a lot of homework.　　　（　　　）

3 次の文を（　）内の指示にしたがって書きかえるとき，＿＿に適する語を書きなさい。

5点×3〔15点〕

(1)　I climbed that mountain last year.　（「一度登ったことがある」という文に）

　　I ＿＿＿＿＿＿ ＿＿＿＿＿＿ that mountain ＿＿＿＿＿＿.

(2)　My mother made an apple pie this morning.　（「もう作り終わっている」という文に）

　　My mother ＿＿＿＿＿＿ ＿＿＿＿＿＿ ＿＿＿＿＿＿ an apple pie.

(3)　We went to Australia before.　（「行ったことがある」という文に）

　　We ＿＿＿＿＿＿ ＿＿＿＿＿＿ to Australia before.

4 次の日本文にあうように，＿＿に適する語を書きなさい。　　5点×3〔15点〕

(1)　このペンは去年お父さんからもらったものです。

　　This pen ＿＿＿＿＿＿ ＿＿＿＿＿＿ to me by my father last year.

(2)　トムは私を，彼の新しい自転車に乗らせてくれません。

　　Tom doesn't ＿＿＿＿＿＿ me ＿＿＿＿＿＿ his new bicycle.

(3)　私たちはもう一週間沖縄に滞在するつもりです。

　　We are ＿＿＿＿＿＿ to stay in Okinawa one ＿＿＿＿＿＿ week.

5 次の各組の文がほぼ同じ内容になるように，＿＿に適する語を書きなさい。　6点×2〔12点〕

(1)　{ Lucy went to the town and came home just now.

　　　Lucy ＿＿＿＿＿＿ ＿＿＿＿＿＿ ＿＿＿＿＿＿ home from the town.

(2)　{ I'm going to visit Yokohama for the first time.

　　　I ＿＿＿＿＿＿ ＿＿＿＿＿＿ been ＿＿＿＿＿＿ Yokohama before.

6 次の英文を読んで，あとの問いに答えなさい。   4点×5〔20点〕

Now add lobster, clams, fish, and scallops. Have you ①(do) that? ②Now 〔 them / for / simmer / let 〕 five minutes.

Five minutes have ③(pass), so add two cups of cream, one cup of milk, and four tablespoons of butter. Next, add some salt and pepper. Now we'll simmer it for ④(   ) 20 minutes and add parsley ⑤(   )(   ) we serve it.

Mmm ... ⑥Have you ever smelled anything so good?

よく出る (1) ①，③の（ ）内の語を適する形にかえて書きなさい。
①＿＿＿＿＿＿＿＿ ③＿＿＿＿＿＿＿＿

(2) 下線部②が「それでは，それらを 5 分間煮なさい」という意味になるように，〔 〕内の語を並べかえなさい。
Now ＿＿＿＿＿＿＿＿＿＿＿＿＿＿＿＿＿＿＿＿＿ five minutes.

やや難 (3) 下線部④が「もう 20 分」という意味になるように，（ ）に適する語を書きなさい。
＿＿＿＿＿＿＿＿ 20 minutes

(4) 下線部⑤が「… するすぐ前に」という意味になるように，（ ）に適する語を書きなさい。
＿＿＿＿＿＿＿＿ ＿＿＿＿＿＿＿＿

(5) 下線部⑥を日本語になおしなさい。
(   )

7 〔 〕内の語句を並べかえて，日本文にあう英文を書きなさい。   5点×4〔20点〕

ミス注意！ (1) あなたはもう車を買いましたか。   Have 〔 a / yet / car / bought / you 〕?
Have ＿＿＿＿＿＿＿＿＿＿＿＿＿＿＿＿＿＿＿＿＿＿?

(2) あなたはきっと気に入ってくれるでしょう。   I'm 〔 it / you'll / sure / like 〕.
I'm ＿＿＿＿＿＿＿＿＿＿＿＿＿＿＿＿＿＿＿＿＿＿.

(3) あなたはそれについて耳にしたことがありますか。   Have 〔 heard / you / it / of 〕?
Have ＿＿＿＿＿＿＿＿＿＿＿＿＿＿＿＿＿＿＿＿＿＿?

やや難 (4) 茶色くなるまで調理してください。   Please cook it 〔 until / brown / it / becomes 〕.
Please cook it ＿＿＿＿＿＿＿＿＿＿＿＿＿＿＿＿＿＿＿.

8 次のようなとき，英語でどう言うか書きなさい。   5点×2〔10点〕

やや難 (1) 八王子(Hachioji)までの行き方を尋ねる。（how to を使って）
＿＿＿＿＿＿＿＿＿＿＿＿＿＿＿＿＿＿＿＿＿＿＿＿＿

(2) 京王線(the Keio Line)に乗るように指示する。（take を使って）
＿＿＿＿＿＿＿＿＿＿＿＿＿＿＿＿＿＿＿＿＿＿＿＿＿

Lesson 2 〜 Tips ③ for Reading

The Eagles of Hokkaido

テストに出る！ **ココ**が**要点**&**チェック！**

現在完了形（過去からの継続（けいぞく）・疑問文）

数 p.22〜p.23

1 「ある過去から今までずっと〜している」 ➡★(1)(2)

「ある過去から今までずっと〜している」という過去からの継続を〈have[has]＋過去分詞〉で表す。for(〜間)や since(〜以来)がよく用いられる。

I **have lived** in Yokohama **for five years**.　　私は5年間横浜に住んでいます。
have[has]＋過去分詞　　for＋時間の長さを表す語句

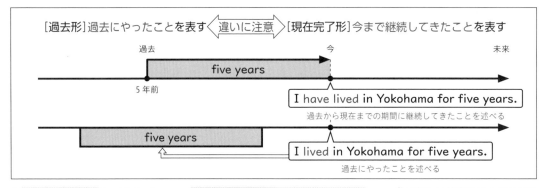

I **have lived** in Yokohama **since I found a new job**.　　私は新しい仕事を見つけて以来横浜に住んでいます。
have[has]＋過去分詞　　since＋過去形の文「〜して以来」

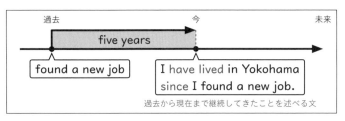

・おぼえておこう・
▶「〜間」
・for two weeks　　2週間
・for a long time　　長い間
▶「〜以来」
・since I saw her
　　　　　彼女を見て以来

2 現在完了形（疑問文）「どのくらい〜していますか」 ➡★(3)

「どのくらいの期間〜しているか」と尋ねるときは，〈How long have you＋過去分詞？〉で表す。

How long have you been in Yokohama?　　あなたはどのくらい横浜にいますか。
have[has]＋主語＋過去分詞

— I **have been** here since I was little.　　小さいころからずっとです。

⇨ **How long have you lived** in Yokohama?　　あなたはどのくらい横浜に住んでいますか。
been の代わりに lived を使ってもよい。

— I **have lived** here since I was little.　　小さいころからずっとです。

現在完了進行形

教 p.24〜p.27

3 現在完了進行形「ずっと〜している」

→★(4)(5)

動作が過去からずっと続いていて，今も進行中であるという意味の「ある時点から今までずっと〜している」は〈have[has] been＋動詞の -ing〉で表す。

I **have been reading** this book since three o'clock.
have[has] been 　動詞 -ing

私は 3 時からずっとこの本を読んでいます。

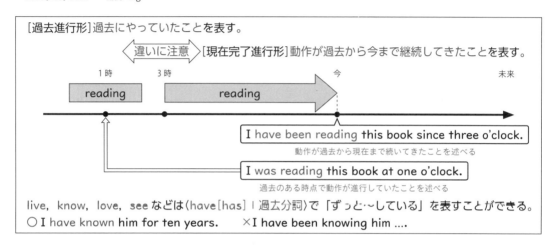

[過去進行形]過去にやっていたことを表す。

〈違いに注意〉[現在完了進行形]動作が過去から今まで継続してきたことを表す。

1時　3時　今　未来

reading　reading

I have been reading this book since three o'clock.
動作が過去から現在まで続いてきたことを述べる

I was reading this book at one o'clock.
過去のある時点で動作が進行していたことを述べる

live, know, love, see などは〈have[has]＋過去分詞〉で「ずっと〜している」を表すことができる。
○ I have known him for ten years.　　×I have been knowing him ....

4 物語の理解—できごとの順序を把握する

→★(6)

できごとの順序を表す言葉や時制に注意する。
at first(最初は)　**then**(それから，その後)　**finally**(とうとう)　**at last**(ついに)

Then, he called his wife for help.　それから，彼は妻に助けを求めて電話をかけました。

and そして　**but** しかし　**because** なぜなら　**so** それで

And the old man pulled at the turnip.　そして老人はカブを引っぱりました。

☆チェック!　(1)〜(5)は(　)内から適する語を選び，(6)は文を正しい順序に並べ替えて番号を書きなさい。

1
☐ (1) We have (live / lived) in Kyoto for six years.　私たちは京都に 6 年住んでいます。
☐ (2) I have (know / known) Tom since I was four.　私は 4 歳の時からトムを知っています。

2
☐ (3) How long have you (learn/ learned) Japanese?　あなたはどのくらい日本語を習っていますか。
　— (For / During) ten years.　10 年間です。

3
☐ (4) Mary has (watching / been watching) TV.　メアリーはずっとテレビを見ています。
☐ (5) He has been (playing / played) soccer since this morning.
　　彼は今朝からずっとサッカーをしています。

4
☐ (6) ① Then she read it. / ② But she didn't like it. / ③ She chose a book.
　それから彼女はそれを読みました。　しかし，彼女はそれが好きではありませんでした。　彼女は本を選びました。

(　　　　　　　　　)

テスト対策問題

テスト対策✷ナビ

♪ リスニング

♪ a07

1 対話と質問を聞いて，その答えとして適するものを一つ選び，記号で答えなさい。

(1) ア　For three years.　　イ　Yes, she has.

　　ウ　For two years.　　　　　　　　　　　　　（　　）

(2) ア　No, he hasn't.　　イ　Yes, he has.

　　ウ　He has been reading a book.　　　　　　（　　）

2 (1)〜(6)は単語の意味を書きなさい。(7)〜(10)は日本語を英語にしなさい。

(1) danger　（　　　　　）　(2) kill　　　（　　　　　）

(3) century　（　　　　　）　(4) against　（　　　　　）

(5) hunt　　（　　　　　）　(6) movement（　　　　　）

(7) ショック　＿＿＿＿＿＿　(8) 人間　　　＿＿＿＿＿＿

(9) 肉　　　　＿＿＿＿＿＿　(10) 〜を守る　＿＿＿＿＿＿

2 重要単語

(2)(5)は動詞。(7)はつづりに注意。

3 次の日本文にあうように，＿＿に適する語を書きなさい。

(1) 人々は彼が偉大な俳優だと言います。

　　＿＿＿＿＿＿　＿＿＿＿＿＿ he is a great actor.

(2) あなたは泣いていますか。どうしたのですか。

　　Are you crying?　＿＿＿＿＿＿　＿＿＿＿＿＿?

(3) 大雨のせいで，私はジョギングに行けませんでした。

　　I couldn't go jogging ＿＿＿＿＿＿　＿＿＿＿＿＿ heavy rain.

(4) その結果，私は多くのことを学びました。

　　＿＿＿＿＿＿ a ＿＿＿＿＿＿, I learned a lot of things.

(5) 彼には読むべき本がたくさんあります。

　　He has a lot of books ＿＿＿＿＿＿　＿＿＿＿＿＿.

(6) この森の上空を，毎日多くの鳥が飛びます。

　　Many birds ＿＿＿＿＿＿　＿＿＿＿＿＿ this forest every day.

3 重要表現

(1)〈主語＋動詞＋(that)〉で表す。that は省略できる。

(3)「〜のせいで」は「〜のために」ということ。

(5)

ポイント

to＋動詞の原形
名詞＋to 〜
「〜するべき…」

(6)「上空を」は「〜の上を」ということ。

4 次の文が正しくなるよう（　）内の語を適する形にかえて書きなさい。

(1) Meg has ＿＿＿＿＿＿ Helen for five years.　（know）

(2) I have ＿＿＿＿＿＿ this garden since I first visited it.　（love）

(3) Rob has ＿＿＿＿＿＿ this same view for a long time.　（see）

(4) How long have you ＿＿＿＿＿＿ in this town?　（live）

(5) I have ＿＿＿＿＿＿ this book since I was small.　（have）

4 現在完了形（継続）

おぼえよう！

「ずっと〜している」は〈have［has］been＋動詞 -ing〉。live, know, love, have, see などは〈have［has］＋過去分詞〉でよい。

p.13 答　(1) lived　(2) known　(3) learned, For　(4) been watching　(5) playing　(6) ③①②

5 次の英文を読んで，あとの問いに答えなさい。

5 本文の理解

> *Aya:* ① I'm going to talk about eagles in Hokkaido.
> *Bob:* Eagles in Hokkaido?
> *Aya:* Yes. ② My grandfather〔 in / lived / Hokkaido / has 〕for a long time.
> *Bob:* ③ (　　　) (　　　) has he been there?
> *Aya:* ④ He's been there since he was little.　About 60 years.

(1) 下線部①を日本語になおしなさい。

(　　　　　　　　　　　　　　　　　　　　　　　　　　　)

(2) 下線部②が「私のおじいさんは北海道に長い間住んでいます」という意味になるように，〔　〕内の語を並べかえなさい。

My grandfather ＿＿＿＿＿＿＿＿＿＿＿＿＿＿＿＿

for a long time.

(3) 下線部③の文が「彼はそこにどのくらいの間いるのですか」という問いとなるように，(　)内に入る適切な語を書きなさい。

＿＿＿＿＿＿＿ ＿＿＿＿＿＿＿ has he been there?

(4) 下線部④を次の一文にするとき，＿＿に適する1語を書きなさい。

He's lived there ＿＿＿＿＿＿＿ about 60 years.

(1)予定を表す表現。

(3)「どのくらい〜ですか」は〈how＋形容詞？〉。

(4)時間の長さを表す前置詞。

6 次の日本文にあうように，＿＿に適する語を書きなさい。

(1) これらの鳥はかごの中に入れておくべきです。

These birds ＿＿＿＿＿＿＿ ＿＿＿＿＿＿＿ kept in a cage.

(2) 宿題は今日終わらせたほうがよいです。

Homework ＿＿＿＿＿＿＿ be ＿＿＿＿＿＿＿ today.

(3) 牛乳は冷蔵庫で保管しなければいけません。

Milk ＿＿＿＿＿＿＿ be ＿＿＿＿＿＿＿ in the fridge.

6 受け身の助動詞

おぼえよう！

should be＋過去分詞
→〜されるべきである
〜されたほうがよい
must be＋過去分詞→
〜されなければならない

7 次の文を否定文に書きかえるとき，＿＿に適する語を書きなさい。

(1) I have been playing the piano for a long time.

I ＿＿＿＿＿＿＿ ＿＿＿＿＿＿＿ playing the piano for a long time.

(2) She has known much about it.

She ＿＿＿＿＿＿＿ ＿＿＿＿＿＿＿ much about it.

7 否定文

(1)(2)

have not ＝ haven't
has not ＝ hasn't

8 次の日本文を英語になおしなさい。

(1) あなたはどのくらいの間英語を勉強してきましたか。

＿＿＿＿＿＿＿＿＿＿＿＿＿＿＿＿＿＿＿＿＿＿

(2) 彼は幼いころから物語を書くことが好きです。

＿＿＿＿＿＿＿＿＿＿＿＿＿＿＿＿＿＿＿＿＿＿

8 英作文

(1)現在完了を使って表す。

(2)「〜が幼いころから」は since 〜 was little.

テストに出る！
予想問題

Lesson 2 〜 Tips ③ for Reading
The Eagles of Hokkaido

⏲ 30分

/100点

🎵 **1** 対話を聞いて，内容に合う絵を選び，記号で答えなさい。　🎵 a08　〔4点〕

ア　イ　ウ　エ

（　　）

🎵 **2** 対話と質問を聞いて，その答えとして適するものを一つ選び，記号で答えなさい。
ア　For fifty minutes.　　イ　Yes, he has.　　🎵 a09　〔4点〕
ウ　No, he hasn't.　　エ　For ten minutes.　　（　　）

よく出る **3** 次の各組の文がほぼ同じ内容になるように，＿＿に適する語を書きなさい。　4点×2〔8点〕

(1) ｛ Mary joined our school one year ago and still studies with us here.
Mary ＿＿＿＿＿ ＿＿＿＿＿ a student of our school ＿＿＿＿＿ a year.

(2) ｛ Helen met David ten years ago and they are still friends now.
David and Helen ＿＿＿＿＿ ＿＿＿＿＿ friends for ten years.

4 次の日本文にあうように，＿＿に適する語を書きなさい。　5点×4〔20点〕

(1) 動物が川の汚染された水を飲むと死んでしまうかもしれません。
Animals may ＿＿＿＿＿ ＿＿＿＿＿ drinking the poisoned water of the river.

(2) 冬にはワシが時々この地域の上空を飛びます。
In winter, eagles sometimes ＿＿＿＿＿ ＿＿＿＿＿ this area.

よく出る (3) その獣医は野生の鳥を見るために湿地帯(しっち)に行きました。
The veterinarian went to the wetland ＿＿＿＿＿ ＿＿＿＿＿ wild birds.

よく出る (4) 多くの人々が野生動物の狩りに反対する運動を支持しています。
Many people support the movement ＿＿＿＿＿ hunting wild animals.

5 次の対話が成り立つように，＿＿に適する語を書きなさい。　5点×3〔15点〕

(1) How long have you ＿＿＿＿＿ using the computer?
— Only ＿＿＿＿＿ one hour. I don't used it much ＿＿＿＿＿ my eyes get tired.

ミス注意 (2) In this English lesson, English must ＿＿＿＿＿ used when you speak.
— That's tough! But I know we ＿＿＿＿＿ do so to improve our English.

(3) I have ＿＿＿＿＿ writing a book about eagles in the world.
— That's great! I've never noticed ＿＿＿＿＿ ＿＿＿＿＿ were writing a book.

よく
出る **6** 次の英文を読んで，あとの問いに答えなさい。 〔計25点〕

Eagles face other dangers. （ ① ） by trains and windmills. ②Others〔shocks /
die / electrical / from〕when they try （ ③ ） rest on top of utility poles. The
Center has been developing tools （ ③ ） protect birds （ ④ ） the electricity.
Some of these tools are already ⑤(use) on utility poles.

⑥Dr. Saito also (work) hard to cure birds （ ④ ） their injuries and help them
return home. ⑦He believes that wildlife should be returned to the wild.

(1) ①に「多くが殺される」という意味の語句が入るように，適する語を書きなさい。〈4点〉

　　　　　　　＿＿＿＿＿＿　＿＿＿＿＿＿　＿＿＿＿＿＿

(2) 下線部②が「電気ショックにより死ぬワシもいる」となるように，〔 〕内の語を並べかえ
なさい。 〈4点〉

　　Others ＿＿＿＿＿＿＿＿＿＿＿＿＿＿＿＿＿＿＿＿＿＿＿

(3) ③，④のそれぞれの（ ）内に共通の適切な語を書きなさい。 〈2点×2〉

　　　　　　　　　　　　　　③＿＿＿＿＿＿　　④＿＿＿＿＿＿

(4) ⑤の（ ）内の語を適する形になおしなさい。 〈4点〉

　　　　　　　　　　　　　　　　　　　　　　　　　　＿＿＿＿＿＿

(5) 下線部⑥が「サイトウ博士もまたずっと一生懸命働いてきた」という意味になるように，
（ ）内の語を現在完了進行形で書きかえなさい。 〈4点〉

　　　　　　　　　＿＿＿＿＿＿＿＿＿＿＿＿＿＿＿＿＿

(6) 下線部⑦の英文を日本語になおしなさい。 〈5点〉
　　（ 　　　　　　　　　　　　　　　　　　　　　　　　　　　 ）

7 〔 〕内の語句を並べかえて，日本文にあう英文を書きなさい。 4点×3〔12点〕
(1) キツネを鉛の銃弾で狩るべきではありません。
　　Foxes〔with / should / hunted / not / be〕lead bullets.
　　Foxes ＿＿＿＿＿＿＿＿＿＿＿＿＿＿＿＿＿＿＿＿ lead bullets.

ミス
注意 (2) ケンは医者になるために勉強しています。 Ken〔be / to / doctor / studying / is / a〕.
　　Ken ＿＿＿＿＿＿＿＿＿＿＿＿＿＿＿＿＿＿＿＿＿＿＿.

(3) 改善すべきことがたくさんあります。 There〔many / improve / are / things / to〕.
　　There ＿＿＿＿＿＿＿＿＿＿＿＿＿＿＿＿＿＿＿＿＿＿＿.

8 次の日本文を英語になおしなさい。 4点×3〔12点〕
(1) 私は今朝からずっと自分のノートを探しています。（this morning を使って）

＿＿＿＿＿＿＿＿＿＿＿＿＿＿＿＿＿＿＿＿＿＿＿＿＿＿＿＿＿＿

やや難 (2) ついに，プラスチックの使用はその国で禁止されました。（Finally で始めて）

＿＿＿＿＿＿＿＿＿＿＿＿＿＿＿＿＿＿＿＿＿＿＿＿＿＿＿＿＿＿

(3) 私はパーティーのために着る服を選ばなければなりません。

＿＿＿＿＿＿＿＿＿＿＿＿＿＿＿＿＿＿＿＿＿＿＿＿＿＿＿＿＿＿

News and Ads

テストに出る！ **ココ**が**要点**&**チェック!**

動詞の -ing 形と過去分詞の後置修飾

教 p.32〜p.39

1 〈名詞＋動詞の -ing 形〉「〜している…」

→★(1)〜(4)

名詞の後に「動詞の -ing 形で始まる意味のまとまり」を置き，「〜している…」という意味にして名詞を説明する。

The girl wearing ribbons is Yuko.

⇩　　　　　　⇩

| 女の子 | リボンをつけている |

名詞　　　　動詞の -ing 形＋〜

リボンをつけている女の子がユウコです。

The singing girl is Mariko.

⇩　　　　⇩

| 歌っている | 女の子 |

動詞の -ing 形　名詞

歌っている女の子がマリコです。

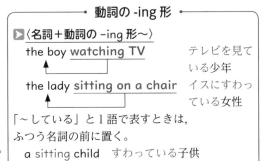

・ 動詞の -ing 形 ・

▶〈名詞＋動詞の -ing 形〜〉

the boy watching TV

テレビを見ている少年

the lady sitting on a chair

イスにすわっている女性

「〜している」と1語で表すときは，ふつう名詞の前に置く。

a sitting child　すわっている子供

2 〈名詞＋過去分詞〉「〜された[される]」

→★(5)(6)

名詞の後に「動詞の過去分詞で始まる意味のまとまり」を置き，「〜された[される]…」という意味にして名詞を説明する。

My father has a car made in France.

⇩　　　　　　⇩

| 車 | フランス製の |

名詞　　　過去分詞＋〜

私の父はフランス製の車を持っています。

I prefer cooked vegetables.

⇩　　　⇩

| 調理された | 野菜 |

過去分詞　　名詞

私は調理された野菜のほうが好きです。

・ 過去分詞 ・

「意味のまとまり」になる場合に，後ろから名詞を説明する。動詞の過去分詞が1語で「〜された[される]」を表す場合は，名詞の前に入る。(a / an, the の後)

▶「過去分詞＋〜」は名詞の後

hide(〜を隠す) → a toy hidden in a box
箱に隠されたおもちゃ

▶「過去分詞」1語の場合は名詞の前

close(〜を閉じる) → the closed door
閉じたドア

〈主語＋動詞〉の後置修飾

教 p.36〜p.41

3 〈名詞＋主語＋動詞〉「－が〜する…」

⇒★(7)(8)

名詞の後に〈主語＋動詞（＋〜）〉を置き，「－が〜する…」という意味にして名詞を説明する。

This is the book my father bought me last Sunday.

⇓ 　　　　　⇓

| 本 | 父がこの前の日曜日に買ってくれた |
| 名詞 | 主語＋動詞＋〜 |

これは，父がこの前の日曜日に買ってくれた本です。

The present my father gave me was a nice camera.

⇓ 　　　⇓

| プレゼント | 父がくれた |
| 名詞 | 主語＋動詞＋〜 |

父がくれたプレゼントはすてきなカメラでした。

〈名詞＋主語＋動詞〉
▶名詞のすぐ後に〈主語＋動詞〉を置く
a picture I painted　私が描いた絵
a car my father bought　父が買った車

4 Project ①　CM の決まり文句

⇒★(9)(10)

CM で使われる決まった表現をおぼえておこう。

人気商品であることをアピール
・Everybody loves / has / wants 〜
みんな大好き / 持っている / ほしがる〜

入荷を伝える
・Good News! Now there's 〜.
朗報！〜があるよ！

電話注文を呼びかける
・Give a call today!
今日中にお電話を！

使いやすさをアピール
・It's easy to use!
使い方簡単！

すぐに買ってもらう
・Get yours now!
今すぐ手に入れて！

特別価格で販売中
・On sale now for 〜 yen.
今なら特価で〜円。

☆チェック！

(1)〜(8)は（　）内から適する語を選び，(9)と(10)は＿＿＿に適する語を書きなさい。

1
- [ ] (1) I know the boy (stand / standing) outside.　私は外に立っている少年を知っています。
- [ ] (2) He saw a girl (read / reading) a book there.　彼はそこで本を読んでいる少女を見ました。
- [ ] (3) What do you think about the (smile / smiling) girl? そのほほ笑んでいる少女をどう思いますか。
- [ ] (4) Look at that (talking / talked) woman.　あの話をしている女性を見なさい。

2
- [ ] (5) Jack ate the cake (making / made) for him. ジャックは彼のために作られたケーキを食べました。
- [ ] (6) There is a (break / broken) car on the road.　道路に壊れた車があります。

3
- [ ] (7) She likes a hat (made she / she made) yesterday. 彼女は昨日作った帽子が気に入っています。
- [ ] (8) Tom wears the shoes (his mother bought / bought his mother).

　トムは母親に買ってもらった靴をはいています。

4
- [ ] (9) The shoes are ＿＿＿＿＿＿ now for 1,000 yen!　靴は今なら特価で1,000円！
- [ ] (10) Please try, it's ＿＿＿＿＿＿ ＿＿＿＿＿＿ use.　試してみてください，使い方は簡単です。

☆チェック！ の答えは次ページ ⇒ 19

テスト対策問題

テスト対策❋ナビ

♪ リスニング

♪ a10

1 対話と質問を聞いて，その答えとして適するものを一つ選び，記号で答えなさい。

(1) ア　She's carrying a big bag.　　イ　Yes, she is Kana.

　　ウ　No, she isn't Mrs. Johnson.　　　　　　　　（　　）

(2) ア　To the library.　　イ　Outside the station.

　　ウ　Inside the station.　　　　　　　　（　　）

2 (1)〜(6)は単語の意味を書きなさい。(7)〜(10)は日本語を英語にしなさい。

(1) forget　（　　　　　） (2) contact　（　　　　　）

(3) culture　（　　　　　） (4) various　（　　　　　）

(5) across　（　　　　　） (6) interview　（　　　　　）

(7) キログラム＿＿＿＿＿＿ (8) 国際的な　＿＿＿＿＿＿

(9) グループ　＿＿＿＿＿＿ (10) 行進する　＿＿＿＿＿＿

2 重要単語
(7)(9)はつづりに注意。

よく出る 3 次の日本文にあうように，＿＿に適する語を書きなさい。

(1) あなたはゲームを1時間までやってもいいです。

　　You can play games ＿＿＿＿＿ ＿＿＿＿＿ one hour.

(2) 毎年何千人もの観光客がこの都市を訪れます。

　　＿＿＿＿＿ ＿＿＿＿＿ tourists visit this city every year.

(3) 人々は平和のために道を行進しています。

　　People are ＿＿＿＿＿ ＿＿＿＿＿ the streets for peace.

(4) あなたはこれらの映画の1つを今すぐ楽しむことができます。

　　You can enjoy one of these movies ＿＿＿＿＿ ＿＿＿＿＿.

(5) もっとも大切なのはよく眠ることです。

　　The most important thing is ＿＿＿＿＿ ＿＿＿＿＿ well.

(6) 私はプロの歌手のように一生懸命努力するつもりです。
　　　　　　　　　　　　　　けんめい

　　I ＿＿＿＿＿ work hard ＿＿＿＿＿ a professional singer.

3 重要表現
(1)「〜まで」を2語で表す。
(2)(3)(6)

ポイント

前置詞に注意
・A of B　B の A
・down 〜　〜を通って
・like 〜　〜のように

(4)「今すぐ」を2語で表す。
(5) to 不定詞を使う。

(6)未来の意思を表す。

4 後置修飾

ミス注意 4 次の文の＿＿に，(1)〜(4)は（　）内の語を適する形にかえて，(5)は（　）内の語のうち適切な方を書きなさい。

(1) There was only a ＿＿＿＿＿ baby in the room.　(cry)

(2) We have three visitors ＿＿＿＿＿ until Sunday.　(stay)

(3) Don't leave ＿＿＿＿＿ dishes on the table.　(use)

(4) I visited a castle ＿＿＿＿＿ by my friends.　(recommend)

(5) This is the TV show we ＿＿＿＿＿.　(looked / watched)

ミス注意！

動詞の -ing 形
・修飾されるものがしていることを表す。
過去分詞
・修飾されるものがされた [されている] ことを表す。

p.19 答　(1) standing　(2) reading　(3) smiling　(4) talking　(5) made　(6) broken　(7) she made
(8) his mother bought　(9) on sale　(10) easy to

5 次の英文を読んで，あとの問いに答えなさい。

> Then, Sky-Fly will pick up your lunch box at home and ①〔 you / to / it / bring 〕. ② Sky-Fly can carry up to 15 kilograms and fly one kilometer ③（　　　　） minute. Now ④ you can get a one-time trial for free. Contact us right now!

(1) 下線部①が「それをあなたのところに持ってくる」という意味になるように，〔　〕内の語を並べかえなさい。

_____

(2) 下線部②を日本語になおしなさい。

（　　　　　　　　　　　　　　　　　　　　　　　　）

(3) 下線部③が「1分につき」という意味になるように，（　）内に適切な語を書きなさい。

_____ minute

(4) 下線部④を次のように表すとき，____に適する語を書きなさい。

You can _____ once for free.

(1) bring の後に置く名詞に注意。

(2) up to 〜の訳に注意。

(4) for free は「無料で」ということ。

6 次の日本文にあうように，____に適する語を書きなさい。

(1) 最初に，あなたが一番好きな色を1つ選びなさい。

First, choose one color _____ _____ best.

(2) 昨日私が撮った写真をあなたに見せてあげましょう。

I'll show you the pictures _____ _____ yesterday.

(3) 私はその新しい店で見つけた靴(くつ)を買いました。

I bought shoes _____ _____ at the new shop.

ポイント

主語＋動詞の後置修飾は
・名詞のすぐ後に置く。
・主語から始まる。
・すぐ前の名詞がどんなものか説明する。

7 次の日本文にあうように，____に適する語を書きなさい。

(1) この美しいバラを見て！

_____ _____ these beautiful roses!

(2) なんておいしいのでしょう！

_____ delicious!

(1) 人の注目を集めるための表現。
(2) 「なんて」を1語で表す。

8 次の日本文を英語になおしなさい。

(1) 健司(Kenji)はベンチに座っているその少女を知っていました。

_____

(2) 私は昨日見た映画を気に入りました。(like を使って)

_____

(1) 名詞を説明している部分を見つける。
(2) 「昨日見た」の主語は「私」。

テストに出る！
予想問題
Lesson 3 〜 Project ①
News and Ads

⏱ 30分

/100点

1 対話を聞いて，内容に合う絵を選び，記号で答えなさい。　　♪ a11　〔4点〕

ア　イ　ウ　エ

（　　　）

2 対話と質問を聞いて，その答えとして適するものを一つ選び，記号で答えなさい。

　ア　Yes, she is Bob's sister.　　イ　She is having ice cream.　　♪ a12　〔4点〕

　ウ　She is watching soccer.　　エ　She's playing soccer.

（　　　）

3 次の文の＿＿に，（　）内の語を適する形にかえて入れなさい。　　4点×3〔12点〕

　(1)　Can you see the birds ＿＿＿＿＿＿ there?　　　　　（fly）

　(2)　I love that music ＿＿＿＿＿＿ by the famous pianist.　（perform）

　(3)　Pandas are ＿＿＿＿＿＿ animals.　　　　　　　　　（protect）

4 次の日本文にあうように，＿＿に適する語を書きなさい。　　4点×4〔16点〕

よく出る
　(1)　あなたが図書館に置いてきた傘を取ってきなさい。

　　　＿＿＿＿＿＿ ＿＿＿＿＿＿ your umbrella you left at the library.

　(2)　私たちには演技のために作った衣装が必要です。

　　　We ＿＿＿＿＿＿ costumes ＿＿＿＿＿＿ for the performance.

　(3)　私たちは外国で経験することを通して多くのことを学びます。

　　　We learn many things ＿＿＿＿＿＿ having experiences abroad.

　(4)　このレストランは 50 種類以上の料理を出すことができます。

　　　This restaurant is able to serve ＿＿＿＿＿＿ ＿＿＿＿＿＿ fifty kinds of dishes.

5 次の対話が成り立つように，＿＿に適する語を書きなさい。　　5点×3〔15点〕

　(1)　＿＿＿＿＿＿ you show me the way to the station?

　　　— No problem.

ミス注意！
　(2)　Are you ＿＿＿＿＿＿ to ＿＿＿＿＿＿ your homework this evening?

　　　— No. I've already finished it.

　(3)　This camera is easy ＿＿＿＿＿＿ use and on ＿＿＿＿＿＿ now for only 10,000 yen.

　　　— Can I have it, please?

6 次の英文を読んで，あとの問いに答えなさい。　　　　　　　　　　　　〔計20点〕

①This is 〔 can / anyone / festival / join / a 〕. This year, there are more than 100 performance groups from various cultures ②(　　　　) the Pacific Rim. I interviewed a drum player from Japan. ③She said that she feels excited to be able to play here.

The Pan-Pacific Parade, the final event of the three-day festival, has just begun. Many performers are marching down Kalakaua Avenue. Look at the colorful costumes ④they are wearing. Listen to the music ⑤they are playing. How exciting! ⑥(　　　　)(　　　　) the *matsuri*! This is Joe Suzuki in Honolulu.

(1) 下線部①が「これは誰でも参加できるお祭りです」という意味になるように，〔 〕内の語を並べかえなさい。　　　　　　　　　　　　　　　　　　　　　　〈3点〉

This is _____.

(2) 下線部②が「環太平洋地域にわたって」という意味になるように，(　)内に適切な語を書きなさい。　　　　　　　　　　　　　　　　　　　　　　　　　　　　〈3点〉

_____ the Pacific Rim

(3) 下線部③の英文を日本語になおしなさい。　　　　　　　　　　　　　　　〈5点〉

(　　　　　　　　　　　　　　　　　　　　　　　　　　　　　　　　　　　)

(4) 下線部④と⑤は何を説明しているか，それぞれ１語で書きなさい。　〈3点×2〉

④_____　⑤_____

(5) 下線部⑥が「祭りを楽しみましょう！」という意味になるように，(　)内に適切な語を書きなさい。　　　　　　　　　　　　　　　　　　　　　　　　　　　　〈3点〉

_____ _____ the *matsuri*!

7 〔 〕内の語句を並べかえて，日本文にあう英文を書きなさい。　5点×3〔15点〕

(1) 私が今日買ったケーキはおいしいです。

The 〔 I / is / today / cake / bought / delicious 〕.

The _____.

(2) これはその王様が書いた手紙です。　This 〔 written / is / the / a / king / by / letter 〕.

This _____.

(3) 注文した商品は今日届きます。The 〔 delivered / goods / be / ordered / today / will 〕.

The _____.

8 次の日本文を英語になおしなさい。　　　　　　　　　　　　　　7点×2〔14点〕

(1) あなたが今日聞いた知らせは本当です。(news を使って)

_____

(2) 私たちが助けなければならない人々が何千人もいます。

_____

Audrey Hepburn

テストに出る! **ココ**が**要点**&**チェック!**

内容を正確に読み取る

教 p.42〜p.46

1 本文の基本情報を見つける

➡★(1)〜(3)

第1段落から「誰が」「何について」といった基本情報を見つけよう。

誰：this person＝Audrey Hepburn
　この人物＝オードリー・ヘプバーン

何について：

She was the star of these movies !

彼女はこれらの映画のスターでした！

⇒タイトルや第1段落から，重要な情報を読み取ろう。

She was famous as an actress .

彼女は女優として有名でした。

She has left us something more than these movies .

彼女はこれらの映画以上の何かを私たちに残しました。

重要表現

Have you ever seen 〜?
〜を見たことがありますか？
（現在完了）
famous as an actress
女優として有名な
more than 〜
〜以上の，〜より多い[大きい]

2 内容の展開（全体像）を把握する

➡★(4)〜(8)

各段落の内容をつかんで段落と段落の関係を確認し，本文全体の流れを把握しよう。

各段落の内容を正しく理解しよう

第1段落：オードリー・ヘプバーンの紹介

第2〜5段落：オードリー・ヘプバーンの生涯

第6段落：ヘプバーンと子どものための活動の紹介

第7段落：ヘプバーンの信念

第8段落：まとめ

⇒ヘプバーンの映画の表や，訪れた国々の地図から，ヘプバーンがどんな活動をしていたか理解できる。

本文の流れ
⇒第1段落：導入
第2〜7段落：説明
第8段落：まとめ

重要表現

a dream of -ing
〜するという夢
after a while
しばらくして
be in 〜　〜に出演して
grow up　大人になる
stop -ing
〜することを止める
all over 〜　〜じゅう

☆**チェック!**　　（　）内から適する語を選びなさい。

1
- □ (1) John works (in / as) a guide at the park.　　ジョンはその公園で案内人として働いています。
- □ (2) The bus arrived late because (of / at) an accident. 事故が原因でバスは遅く到着しました。
- □ (3) They got something more (to / than) money.　彼らはお金以上のものを手に入れました。

2
- □ (4) I have a dream (of / for) becoming a doctor.　私には医者になるという夢があります。
- □ (5) He came back after a (time / while).　　彼はしばらくして戻ってきました。
- □ (6) My sister was (in / at) the TV show.　　私の妹はそのテレビ番組に出演していました。
- □ (7) She stopped (to walk / walking) to take pictures. 彼女は写真を撮るために足を止めました。
- □ (8) There are trees all (out / over) the town.　　町じゅうに木々があります。

☆**チェック!** の答えは次ページ ↵

テスト対策問題

テスト対策✹ナビ

リスニング

♪ a13

1 対話と質問を聞いて，その答えとして適するものを一つ選び，記号で答えなさい。

(1)　ア　Noriko's mother.　　　　　イ　Jack's father.

　　　ウ　Noriko's father is a math teacher.　　　　　（　　　）

(2)　ア　Because he couldn't do it tonight.　　イ　Because of the power outage.

　　　ウ　No, he hasn't.　　　　　（　　　）

2 (1)〜(6)は単語の意味を書きなさい。(7)〜(10)は日本語を英語にしなさい。

(1)　actress　（　　　　　　）　　(2)　safe　　（　　　　　　）

(3)　fireplace　（　　　　　　）　　(4)　discover　（　　　　　　）

(5)　at war　（　　　　　　）　　(6)　impression（　　　　　　）

(7)　飢え　＿＿＿＿＿＿＿＿　　(8)　軍隊　＿＿＿＿＿＿＿＿

(9)　開花する　＿＿＿＿＿＿＿＿　　(10)　薬　＿＿＿＿＿＿＿＿

2 重要単語
(2)は形容詞，(4)は動詞。

3 次の日本文にあうように，＿＿に適する語を書きなさい。

(1)　その男は私に1通の手紙を残して姿を消してしまいました。

　　He has ＿＿＿＿＿＿ ＿＿＿＿＿＿ a letter and disappeared.

(2)　その国はこの島を支配しました。

　　The country ＿＿＿＿＿＿ ＿＿＿＿＿＿ this island.

(3)　京都は最も美しい都市の1つです。

　　Kyoto is ＿＿＿＿＿＿ of the most beautiful ＿＿＿＿＿＿.

(4)　社会のために働くことは私の使命です。

　　＿＿＿＿＿＿ for society ＿＿＿＿＿＿ my mission.

(5)　私は歌うことがあなたにとって何を意味するか知っています。

　　I know ＿＿＿＿＿＿ singing ＿＿＿＿＿＿ to you.

(6)　男の子だけではなく女の子もこのゲームが好きです。

　　＿＿＿＿＿＿ just boys but ＿＿＿＿＿＿ girls like this game.

3 重要表現
(1)〈leave＋人〜〉で「人に〜を残す」。
(4)「＿＿ for society」が主語になる。

ポイント

「〜すること」は〈動詞の ing 形＋〜〉で表すことができる。

(6) not only 〜 but also …と同じ。

4 〔　〕内の語句を並べかえて，日本文にあう英文を書きなさい。

(1)　彼はそのチームを去りました。He〔 the / team / left / has 〕.

　　He ＿＿＿＿＿＿＿＿＿＿＿＿＿＿＿＿＿＿＿＿.

(2)　私はトムと時間を過ごしました。I〔 with / time / Tom / spent 〕.

　　I ＿＿＿＿＿＿＿＿＿＿＿＿＿＿＿＿＿＿＿＿.

(3)　雪のためとても寒いです。It's〔 of / snow / cold / because / very 〕.

　　It's ＿＿＿＿＿＿＿＿＿＿＿＿＿＿＿＿＿＿＿＿.

4 重要表現

ミス注意！
・〈leave＋人［もの，場所］〉で「人［もの，場所］から去る」という意味になる。

テストに出る！

予想問題

Reading ①
Audrey Hepburn

⏱ 30分

/100点

 1 対話を聞いて，内容に合う絵を選び，記号で答えなさい。　♪ a14　〔4点〕

ア　イ　ウ　エ

（　　）

 2 対話と質問を聞いて，その答えとして適するものを一つ選び，記号で答えなさい。

♪ a15　〔4点〕

ア　Because she works hard, and also her mother teaches her singing.

イ　Because she goes to a music school and practices hard there.

ウ　Because she has been learning singing for a long time.

エ　Because she works hard and also has a good teacher.

（　　）

3 次の日本文にあうように，＿＿に適する語を書きなさい。　5点×4〔20点〕

(1) 読書も含め，すべての私の趣味が私を幸せにしてくれます。

　　All my hobbies, ＿＿＿＿＿＿＿ reading, make me happy.

(2) 母は弟を病院に連れて行きました。

　　My mother ＿＿＿＿＿＿ my brother ＿＿＿＿＿＿ the hospital.

ミス
注意 (3) あなたが関心を持っていないのなら，そうすることに意味はありません。

　　If you are not interested, there is ＿＿＿＿＿＿ ＿＿＿＿＿＿ in doing it.

(4) 彼は野生動物への献身的な愛情で有名です。

　　He is famous for his ＿＿＿＿＿＿ ＿＿＿＿＿＿ wild animals.

4 次の各組の文がほぼ同じ内容になるように，＿＿に適する語を書きなさい。　5点×3〔15点〕

よく
出る (1) She gave us not only food but also other things.

　　She gave us ＿＿＿＿＿＿ ＿＿＿＿＿＿ food.

(2) The TV show was very popular.

　　The TV show was a ＿＿＿＿＿＿ ＿＿＿＿＿＿.

(3) He thinks we must protect children because he had a difficult time when he was little.

　　Because ＿＿＿＿＿＿ his difficult time ＿＿＿＿＿＿ a child, he feels children should be protected.

5 次の英文を読んで，あとの問いに答えなさい。　　　　　　　　　　〔計25点〕

　　During the war, Hepburn's life was very difficult.　After the German army came, their life changed.　There was never enough food.　There wasn't even enough firewood for the fireplace.　①Many people〔 cold / and / hunger / died / the / of 〕, especially young children and old people.　②Hepburn also （　　　）（　　　） hunger.　She became very weak.　When there was no ③（　　　）, she even ate tulip bulbs.

　　④Hepburn's talent started to bloom after the war.　She moved to London with her mother, and she practiced ballet and began to study acting.　After a while, she was ⑤(discover) by an American director and was ⑥(cast) as a princess in *Roman Holiday.*

(1) 下線部①が「多くの人々が飢えと寒さで死にました」という意味になるように，〔　〕内の語を並べかえなさい。　　　　　　　　　　〈5点〉

Many people _____

(2) 下線部②が「ヘプバーンも飢えに苦しみました」という意味になるように（　）に適する語を書きなさい。　　　　　　　　　　〈6点〉

Hepburn also _____ _____ hunger.

(3) ③の（　）に適する語を書きなさい。　　　　　　　　　　〈3点〉

_____

(4) 下線部④の英文を日本語になおしなさい。　　　　　　　　　　〈5点〉

（　　　　　　　　　　　　　　　　　　　　　　　　　　　　　）

(5) ⑤，⑥の（　）内の語を，必要であれば適する形になおしなさい。　　　　　〈3点×2〉

⑤_____　⑥_____

6 〔　〕内の語句を並べかえて，日本文にあう英文を書きなさい。　　6点×3〔18点〕

(1) 彼女はチームメンバーの1人です。　She〔 the / team / of / one / is / members 〕.

She _____.

(2) できるだけ多くの情報を利用しなさい。Use〔 as / can / information / much / as / you 〕.

Use _____.

(3) 私は子供たちに望みを与えたいと思います。I〔 to / children / to / give / hope / want 〕.

I _____.

7 次の日本文を英語になおしなさい。　　　　　　　　　　7点×2〔14点〕

(1) 彼は貧しい人々のために働くことが自分の使命だと感じました。（working を使って）

_____

(2) 私は，自分の意見が彼らにとって何を意味したのか，理解していませんでした。

_____

Lesson 4 〜 Tips ④ for Writing

HELLO!

Sports Legends

テストに出る！ **ココ**が**要点**&**チェック！**

関係代名詞の文

教 p.47〜p.55

1 関係代名詞 who 「どんな人か」

⇒★(1)(2)

〈(人を表す名詞)＋who＋動詞〜〉の形で，すぐ前の「人を表す名詞」が「どんな人か」を説明する。

Oda Mikio was an athlete who won a gold medal.

（どんなスポーツ選手か）

スポーツ選手　　　金メダルを取った

織田幹雄は〜　＋　金メダルを取ったスポーツ選手

織田幹雄は金メダルを取ったスポーツ選手です。

Soseki was the novelist who wrote *Botchan*.

漱石は『坊ちゃん』を書いた小説家です。

Look at the woman who has long hair.

髪の毛が長い女の人を見てください。

・ who の表し方 ・

who の後の動詞は「人を表す名詞」にあわせる

a singer who lives in Japan
日本に住む歌手

a student who was alone
ひとりだった生徒

people who learn Japanese
日本語を学ぶ人々

the children who were hungry
空腹だった子供たち

2 関係代名詞 which 「どんなものか」

⇒★(3)(4)

〈(ものを表す名詞)＋which＋動詞〜〉の形で，すぐ前の「ものを表す名詞」が「どんなものか」を説明する。which の代わりに that を使うこともできる。

I have a magazine which has many photos.

（どんな雑誌か）

雑誌　　　　　写真がたくさんある

私は〜を持っている　＋　写真がたくさんある雑誌

私は写真がたくさんある雑誌を持っています。

Taro has a cat which has a long tail.

タロウはしっぽが長いネコを飼っています。

Jiro has a dog which can swim very well.

ジロウはとても上手に泳げるイヌを飼っています。

・ which / that の表し方 ・

which / that の後の動詞は「ものを表す名詞」にあわせる

the picture which shows my family
私の家族を示す写真

shops which open at 9 a.m.
午前9時に開く店

trees that grow fast
早く成長する木

the movie which started last week
先週始まった映画

books which are important for me
私にとって大切な本

dishes that were delicious
おいしかった料理

3 関係代名詞 that 「どんな人か・どんなものか」 ➡★(5)(6)

〈that＋主語＋動詞〜〉は，すぐ前の名詞が「どんな人か・どんなものか」説明する。

The book that you gave me was interesting.

その本　　　　あなたのくれた
（どんな本か）

あなたのくれたその本　＋　〜は面白かった

あなたのくれたその本は面白かったです。

・おぼえておこう・

that と which[who] は同じように使える
The book that I read yesterday was
very interesting.
昨日読んだ本はとても面白かったです。
＝The book which I read yesterday
was very interesting.

文章の書き方

教 p.56

4 読み手に分かりやすい文章を書くには ➡★(7)

分かりやすい文章の書き方の基本を押さえよう。

・大まかな内容 ⇨ 細かい説明 の順に書く。

I like sports. I play soccer.

私はスポーツが好きです。私はサッカーをします。

・理由 を述べる。

My favorite sport is soccer because it is so exciting.

私の好きなスポーツはサッカーです，ワクワクするからです。

・語句の説明 をする。

I'm a midfielder.
Midfielders play in the middle of the field.

私はミッドフィールダーです。
ミッドフィールダーは，フィールドの中央でプレーします。

・例 を示す。

The practice is very tough.
For example, we have to run for 1 hour every day.

練習はとても大変です。
例えば，毎日1時間走らないといけません。

☆チェック！ （　）内から適する語を選びなさい。

1
- □ (1) The girl (which / who) has long hair is my sister.　髪の長い少女は私の妹です。
- □ (2) The man (who / which) visited us today is called Tom.

今日訪ねて来た男はトムと呼ばれています。

2
- □ (3) He watched a TV show (who / which) started at five.

彼は5時に始まったテレビ番組を見ました。

- □ (4) I found a bag (that/ who) had the owner's name.

私は持ち主の名前が付いたバッグを見つけました。

3
- □ (5) I love the hat (who / which) my sister gave me.　私は姉がくれた帽子を気に入っています。
- □ (6) She lent me the books (that / who) she liked.

彼女は自分が気に入っている本を貸してくれました。

4
- □ (7) I have many bags. (To / For) example, this is a red one.

私はたくさんのバッグを持っています。例えば，これは赤いのです。

テスト対策問題

テスト対策☆ナビ

リスニング

♪ a16

1 対話と質問を聞いて，その答えとして適するものを一つ選び，記号で答えなさい。

(1) ア It's a newspaper.　　イ Yes, she does.

　　ウ No, she isn't.　　　　　　　　　　（　　）

(2) ア It is near the station.　イ No, it isn't.

　　ウ No, it doesn't.　　　　　　　　　　（　　）

2 (1)〜(6)は単語の意味を書きなさい。(7)〜(10)は日本語を英語にしなさい。

(1) track and field（　　　　　）　(2) hop　　　（　　　　　）

(3) cheer　　（　　　　　）　(4) female　（　　　　　）

(5) official　（　　　　　）　(6) athlete　（　　　　　）

(7) 大学　＿＿＿＿＿＿　(8) 記録　＿＿＿＿＿＿

(9) 負傷した　＿＿＿＿＿＿　(10) 勝利　＿＿＿＿＿＿

3 次の日本文にあうように，＿＿に適する語を書きなさい。

(1) 見てもいいですか。

　　Can I ＿＿＿＿＿＿ a ＿＿＿＿＿＿ ?

(2) この本によると，このお寺はとても古いです。

　　＿＿＿＿＿＿ ＿＿＿＿＿＿ this book, this temple is very old.

(3) 私は宿題に集中することができませんでした。

　　I couldn't ＿＿＿＿＿＿ ＿＿＿＿＿＿ the homework.

(4) それはどういう意味ですか。

　　What ＿＿＿＿＿＿ that ＿＿＿＿＿＿ ?

(5) その当時，車はとても高価でした。

　　＿＿＿＿＿＿ the ＿＿＿＿＿＿ , cars were very expensive.

(6) それは面白い映画のようですね。

　　It ＿＿＿＿＿＿ ＿＿＿＿＿＿ an interesting movie.

4 次の英文を日本語になおしなさい。

(1) Meg is the girl who told me about the news.

　　（　　　　　　　　　　　　　　　　　　　　　　）

(2) Did you see the man who came here ten minutes ago?

　　（　　　　　　　　　　　　　　　　　　　　　　）

(3) People who want to see the exhibition need to buy a ticket.

　　（　　　　　　　　　　　　　　　　　　　　　　）

重要単語

(2)(3)は動詞。

重要表現

(1)

おぼえよう！

〈have＋a＋名詞〉で「〜を行う，する」
have a look
見る
have a trip
旅行する

(4)意味や状況が理解できず尋ねる表現。

(5)時を表す at を使う。

(6)受けた印象を表す。

関係代名詞 who

ポイント

名詞＋who＋動詞
→ who＋動詞が，すぐ前の名詞を説明する。

---

p.29 答 ▶ (1) who　(2) who　(3) which　(4) that　(5) which　(6) that　(7) For

5 次の英文を読んで，あとの問いに答えなさい。　　**5** 本文の理解

> *Kenta:* This is Japan's first Olympic champion, Oda Mikio.
> *Ms. King:* ① I haven't heard of him.
> *Kenta:* He was ② the track and field athlete 〔 medal / won / gold / who / a 〕 in 1928.
> *Ms. King:* What event did he win?
> *Kenta:* He won the triple jump. At the time, the event ③(call) "Hop, step, and jump." He felt it was too long. So, he began to call it ④ *sandantobi*.

(1) 下線部①を日本語になおしなさい。

　(　　　　　　　　　　　　　　　　　　　　　)

(1)現在完了の文

(2) 下線部②が「1928 年に金メダルを取った陸上選手」という意味になるように，〔 〕内の語を並べかえなさい。

　the track and field athlete ＿＿＿＿＿＿＿＿＿＿＿＿＿

　in 1928.

(2)「どんな人か」を表す。

(3) ③の( )内の語を適切な形になおしなさい。

　　　　　　　　＿＿＿＿＿＿＿＿＿＿＿

(3)the event が主語であることに注意。

(4) 下線部④の英語の正式名称を書きなさい。

　　　　　　the ＿＿＿＿＿＿ ＿＿＿＿＿＿

6 次の日本文にあうように，＿＿に適する語を書きなさい。　**6** 関係代名詞 which

(1) 彼女がくれたそのカードはきれいです。
　The card ＿＿＿＿＿ she ＿＿＿＿＿ me is beautiful.

(2) 私は昨日開いた美術館に行くつもりです。
　I will go to the ＿＿＿＿＿ ＿＿＿＿＿ opened yesterday.

(3) 私は今日買った地図を使うつもりです。
　I'm going to use the map ＿＿＿＿＿ I ＿＿＿＿＿ today.

> **ミス注意！**
> 「どんな人」を表す
> → who か that
> 「どんなもの」を表す
> → which か that

7 次の2つの文を who または which を使って1文にするとき，＿＿に適する語を書きなさい。　**7** 関係代名詞

(1) I bought a cake. The cake looked delicious.
　I bought a cake ＿＿＿＿＿ ＿＿＿＿＿ delicious.

(2) The girl is my sister. She is playing with a toy.
　The girl ＿＿＿＿＿ is ＿＿＿＿＿ with a toy is my sister.

> **ポイント**
> 〈名詞＋関係代名詞＋動詞〉の形になる。過去形，現在進行形など，動詞の形にも注意。

8 次の日本文を英語になおしなさい。　**8** 英作文

(1) 私は，幼いときに祖母が話してくれたその物語を覚えています。

関係代名詞を使って表現する部分を見つけること。

(2) 彼は，本を読んでいる女性に話しかけました。(speak to を使って)

テストに出る！

予想問題

Lesson 4 〜 Tips ④ for Writing
Sports Legends

🕐 30分

/100点

🎵 **1** 対話を聞いて，内容に合う絵を選び，記号で答えなさい。　🎵 a17　〔4点〕

ア	イ	ウ	エ

（　　　）

🎵 **2** 対話と質問を聞いて，その答えとして適するものを一つ選び，記号で答えなさい。

ア　She is going to buy a red T-shirt.　　イ　She thinks Rob likes red.　🎵 a18　〔4点〕

ウ　She is going to buy a green T-shirt.　　エ　Rob likes green T-shirts.　（　　　）

3 次の日本文にあうように，＿＿に適する語を書きなさい。　4点×3〔12点〕

(1) 私にあなたのお手伝いをさせてください。

＿＿＿＿＿＿＿＿ me ＿＿＿＿＿＿＿＿ you.

(2) 彼女はギターだけではなくピアノも弾きます。

She plays not ＿＿＿＿＿＿ the guitar but ＿＿＿＿＿＿ the piano.

(3) 1位をとったの？　それはすばらしい。

Did you get the first prize?　＿＿＿＿＿＿＿ ＿＿＿＿＿＿＿.

4 関係代名詞を使って，次の文に（　）の内容を含めなさい。　6点×3〔18点〕

(1) My friends visited me last year.　（友達はオーストラリアに住んでいる）

＿＿＿＿＿＿＿＿＿＿＿＿＿＿＿＿＿＿＿＿＿＿＿＿＿＿＿＿＿＿.

(2) The soup was delicious.　（母がそのスープを作った）

＿＿＿＿＿＿＿＿＿＿＿＿＿＿＿＿＿＿＿＿＿＿＿＿＿＿＿＿＿＿.

(3) The bus is coming soon.　（そのバスは私の町に行く）

＿＿＿＿＿＿＿＿＿＿＿＿＿＿＿＿＿＿＿＿＿＿＿＿＿＿＿＿＿＿.

5 次の文を（　）内の指示にしたがって書きかえなさい。　6点×2〔12点〕

(1) Many people from the world visited this castle.　（受け身の文に）

＿＿＿＿＿＿＿＿＿＿＿＿＿＿＿＿＿＿＿＿＿＿＿＿＿＿＿＿＿＿

(2) I made a cherry pie yesterday but my brother didn't like it.

（my brother を主語にして which を使った文に）

＿＿＿＿＿＿＿＿＿＿＿＿＿＿＿＿＿＿＿＿＿＿＿＿＿＿＿＿＿＿

6 次の英文を読んで，あとの問いに答えなさい。 〔計20点〕

　　Takanashi Sara is one of the top ski jumpers in Japan.　①She has broken many records.　In 2011, she won an official international competition ②at the age of 14.　In 2018, she set the all-time record for the most victories at the FIS Ski Jumping World Cup.

　　③Takanashi (　　　)(　　　)(　　　) English hard since she was an elementary school student.　She says, "④[a / need / tool / I / is / that / English] as a professional athlete.　(　⑤　) example, athletes have to use English (　⑤　) interviews."

(1)　下線部①の英文を日本語になおしなさい。 〈5点〉
　　(　　　　　　　　　　　　　　　　　　　　　　　　　　　　　　　　　　　　)

(2)　下線部②と同じ意味を，when を使って表しなさい。 〈4点〉
　　_____

(3)　下線部③が「高梨はずっと英語を一生懸命勉強してきた」という意味になるように，(　)に適する語を書きなさい。 〈4点〉
　　Takanashi _____ _____ _____ English hard

(4)　下線部④が「英語はプロの運動選手として私が必要とする道具です」という意味になるように，〔　〕内の語を並べかえなさい。 〈4点〉
　　_____ as a professional athlete.

(5)　2つの(　⑤　)に適する語を書きなさい。 〈3点〉
　　　　　　　　　　　　　　　　　　　　　_____

7 〔　〕内の語句を並べかえて，日本文にあう英文を書きなさい。 6点×3〔18点〕

(1)　これは彼女が私に送ってくれた手紙です。This〔 sent / letter / which / me / she / the / is 〕.
　　This _____.

(2)　彼は私があげた本を気に入っています。He〔 the / I / likes / which / gave / book 〕him.
　　He _____ him.

(3)　これは部屋が5つある家です。　　This〔 has / that / is / house / rooms / a / five 〕.
　　This _____.

8 次の日本文を英語になおしなさい。 6点×2〔12点〕

(1)　昨日あなたが買った新しい服を私に見せてもらえますか。
　　_____

(2)　あなたはここで起きたその事故のことを聞いていますか。(hear of を使って)
　　_____

Being True to Ourselves

テストに出る！ **ココ**が**要点**＆**チェック!**

仮定を表す文

教 p.57〜p.65

1 If＋主語＋動詞の過去形〜，主語＋would［could など］

→★チェック(1)(2)

〈If＋主語＋動詞の過去形〜，主語＋would［could など］〉の形で「もし〈主語〉が〜なら，…なのになあ」を表す。

If I had a brother, I could do a lot of things with him.

└─ If＋主語＋動詞の過去形 ─┘ └─主語＋would［could など］─┘

もし私に兄がいたら　　　多くのことをいっしょにできるのになあ
⇒実際にはいないが，「もしいたら〜できるのに」という仮定を表す。

もし私に兄がいたら，多くのことをいっしょにできるのになあ。

（実際には兄はいないので，そのようなことはできない）

┌─ おぼえておこう ─┐

仮定法で使う助動詞

▶could
⇒〜できるのになあ
▶would
⇒〜だろうになあ

If I had a brother, I would play tennis with him.

もし私に兄がいたら，いっしょにテニスをするのになあ。　（実際には兄はいない）

If I had 10 million yen, I would travel around the world.

もし1千万円持っていたら，世界中を旅するのになあ。　（実際には持っていない）

If の後に，事実とは異なること，実現する可能性がないことなどを述べる　⇒動詞の過去形を使う
後半は，実現する可能性がないこと　⇒〈would［could］＋動詞の原形〉を使う

2 If＋主語＋were〜，主語＋would［could など］

→★チェック(3)(4)

〈If＋主語＋were〜，主語＋would［could など］〉の形で「もし〈主語〉が〜なら，…なのになあ」を表す。「主語が単数」の場合も，were（または was）を使う。

If I were you, I would go to Kita High School.

└─ If＋主語＋were 〜 ─┘ └─主語＋would［could など］─┘

もし私があなただったら　　　北高校に行くのになあ
⇒実際にはそうではないが「もし〜だったら…するのに」という仮定を表す。

もし私があなただったら，北高校に行くのになあ。

（実際には「あなた」ではないので，そうはしない）

It is raining hard. If it was fine, I could play tennis.

雨がたくさん降っている。もし天気がよかったら，テニスができるのになあ。

（実際には天気はよくない）

If I were you, I wouldn't do such a thing.

もし私があなただったら，そんなことはしないのになあ。

（実際には「あなた」ではない）

┌─ おぼえておこう ─┐

仮定法の be 動詞

If I was ┐
If it was ┤ どちらで
If I were ┤ もよい
If it were ┘

⇒ were はふつうは主語が複数のときに使われるが，仮定を表す文では，主語が単数のときにも使われる。

If の後に，事実とは異なる状態，実現する可能性がない状態などを述べる　⇒ be 動詞の過去形を使う
後半は，実現する可能性がないこと　⇒〈would［could］＋動詞の原形〉を使う

3 I wish の文

(5)(6)

〈I wish I were 〜〉の形で「私が〜だったらなあ」，〈I wish I could 〜〉の形で「私が〜できたらなあ」と，実現する可能性がない，または低いことへの願望を表す。

I wish I were good at soccer.
　　　be 動詞過去形

私がサッカーが上手だったらなあ。
(実際には上手ではない)

I wish I could speak French.
　　　could＋動詞の原形

私がフランス語を話せたらなあ。
(実際にはフランス語は話せない)

┌─ おぼえておこう ─┐
I wish の文
「私が〜だったら」
⇒ I wish I were
「私が〜できたら」
⇒ I wish I could
└───────────┘

ものごとの状態や様子を言うとき　⇒ I wish I were 〜
「できたらいいのに」と思うことを言うとき　⇒ I wish I could＋動詞の原形

重要表現

 p.66〜p.67

4 先を予測しながら読む

⇒★(7)

書かれていることを前から順番に理解するには，使われている語句を頼りに，後に書かれていることを推測する。

手がかりになる語句

話の順序：First 第1に　　Second 第2に　　Third 第3に

結果や結論：as a result その結果　　so それで，だから

5 自分の考えを具体的に伝える

⇒★(8)

自分の考えを具体的に書くには，理由を言う，つなぎ言葉を使う，区切りをはっきりさせる，といった工夫をする。

理由がいくつあるか言う：I have two reasons for ...

それには2つ理由があります。

つなぎ言葉を使う：　　　Also, ... また，…　　Next, ... 次に，…

区切りをはっきりさせる：First, ... 第1に，…　　Second, ... 第2に，…

- -

☆チェック！　　( )内から適する語を選びなさい。

1
□ (1) If I (buy / bought) a castle, I would let everyone in my town come.

もし私がお城を買ったら，町中の人々に来てもらうのになあ。

□ (2) If I (have / had) a car, I could get there today.

もし私が車を持っていたら，今日そこに着けるのになあ。

2
□ (3) If he (is / were) at home, he could help us.　彼が家にいたら，助けてもらえるのになあ。

□ (4) If she (is / was) kind, everyone would like her. 彼女はやさしければ皆が好きになるのになあ。

3
□ (5) I wish I (am / were) a famous singer.　私が有名な歌手だったらなあ。

□ (6) I wish I (can / could) sing well like you.　私があなたのように上手に歌えたらなあ。

4　□ (7) (As / For) a result, I couldn't get back home.　結果として，私は家にもどれませんでした。

5　□ (8) (Too / Also), I know him very well.　また，私は彼のことをとてもよく知っています。

☆チェック！ の答えは次ページ → 35

テスト対策問題

テスト対策 ナビ

リスニング

♪ a19

1 対話と質問を聞いて，その答えとして適するものを一つ選び，記号で答えなさい。

(1) ア　No, she isn't.　　　イ　Yes, she is.
　　ウ　No, she didn't.　　　　　　　　　　　　　（　　）

(2) ア　He is going to buy it.　イ　No, he isn't.
　　ウ　No, he didn't.　　　　　　　　　　　　　（　　）

2 (1)〜(6)は単語の意味を書きなさい。(7)〜(10)は日本語を英語にしなさい。

(1) depressed (　　　　　)　(2) advice　　（　　　　　　）

(3) wish　　　（　　　　　）　(4) disagree　（　　　　　　）

(5) priority　（　　　　　）　(6) afraid　　（　　　　　　）

(7) 理由　　　＿＿＿＿＿＿＿　(8) 教育　　　＿＿＿＿＿＿＿＿

(9) 自分の　　＿＿＿＿＿＿＿　(10) けんか　　＿＿＿＿＿＿＿＿

2 重要単語
(3)(4)は動詞。(10)は動詞としても使われる単語。

3 重要表現
(1)会話でよく使われる決まった言い方。
(2)「〜が上手な」は
be good at 〜。
(3)

よく出る

3 次の日本文にあうように，＿＿に適する語を書きなさい。

(1) 悲しそうだね。何か問題があるの？
　　You look sad. ＿＿＿＿＿＿＿ ＿＿＿＿＿＿＿？

(2) 私は人の顔を描くのが下手です。
　　I'm ＿＿＿＿＿＿＿ ＿＿＿＿＿＿＿ drawing human faces.

(3) 「あなたはきれいな目をしていますね」「あら，そうですか？」
　　"You have beautiful eyes." "Oh, ＿＿＿＿＿＿＿ ＿＿＿＿＿＿＿？

(4) 私はいつも姉とけんかをしています。
　　I always ＿＿＿＿＿＿＿ a ＿＿＿＿＿＿＿ with my big sister.

(5) 自分が王様だったら何をしたいですか。
　　What ＿＿＿＿＿＿＿ you like to do if you ＿＿＿＿＿＿＿ a king?

(6) この都市は大きな城で有名です。
　　This city is ＿＿＿＿＿＿＿ ＿＿＿＿＿＿＿ its large castle.

ポイント

「そうですか？」
・You do 〜→ Do I?
・You are 〜→ Am I?
・I do 〜→ Do you?
・She is 〜→ Is she?

(6)「〜で有名」を表す言い方。

4 仮定を表す文

ミス注意！

if で始まるところは
・動詞の過去形
・be 動詞のときは
was か were
「〜なのになあ」は
・would[could]＋
動詞の原形

4 次の文の＿＿に，（　）内の語を適する形にかえて書きなさい。

ミス注意！
(1) He wouldn't do that if he ＿＿＿＿＿＿＿ a good man.　（is）

(2) I wish I ＿＿＿＿＿＿＿ make a delicious cake.　（can）

(3) If Tim saw it, he ＿＿＿＿＿＿＿ understand.　（will）

(4) If I ＿＿＿＿＿＿＿ hard, I could buy a house.　（work）

(5) I wish I ＿＿＿＿＿＿＿ a smart person.　（am）

p.35 答　(1) bought　(2) had　(3) were　(4) was　(5) were　(6) could　(7) As　(8) Also

5 次の英文を読んで，あとの問いに答えなさい。

5 本文の理解

> *Kenta:* ① If I (am) your brother, I would sometimes feel jealous.
> *Mei:* Why?
> *Kenta:* ② You can [things / than / many / better / do] I.
> *Mei:* Come on! You're so popular in our class!
> *Kenta:* Sometimes ③ (have) a brother or sister is tough. My brother goes to Kita High School. ④ He thinks I should go there, too.

(1) 下線部①が正しい文となるように（　）内の語を書きかえなさい。

(2) 下線部②が「きみは多くのことをぼくより上手にできる」という意味になるように，［　］内の語を並べかえなさい。
You can ＿＿＿＿＿＿＿＿＿＿＿＿＿＿＿＿＿ I.

(3) ③の（　）の語を正しい形になおしなさい。　＿＿＿＿＿＿

(4) 下線部④を日本語になおしなさい。
（　　　　　　　　　　　　　　　　　　　　　　　）

(1)仮定を表す文。

(2)「〜より上手に」は better than 〜で表す。
(3)「〜は大変だ」という意味の文。
(4) thinks の後の that が省略されている。

6 ［　］内の語句を並べかえて，日本文にあう英文を書きなさい。

6 仮定を表す文

(1) あなたのお手伝いができるとよいのですが（できません）。
I [you / wish / could / I / help].
I ＿＿＿＿＿＿＿＿＿＿＿＿＿＿＿＿＿.

(2) メグは病気でなければそのパーティーに行けるのに。
Meg could [party / wasn't / she / if / go / the / to / sick].
Meg could ＿＿＿＿＿＿＿＿＿＿＿＿＿.

(3) その車を買ったなら，私のお金は全部なくなってしまうだろうな。
If I [lose / , / car / would / I / bought / the] all my money.
If I ＿＿＿＿＿＿＿＿＿＿＿ all my money.

ポイント

「〜なら」
・if+主語+動詞の過去形
「〜なのになあ」
・would[could]＋動詞の原形
「〜だったらなあ[できたらなあ]」
・I wish I were 〜
・I wish I could 〜

7 次の日本文を英語になおしなさい。

7 英作文

(1) 私がフランス語で E メール（emails）を書けたらなあ。
＿＿＿＿＿＿＿＿＿＿＿＿＿＿＿＿＿

(2) 宿題がなければ，そのテレビ番組（TV show）を見るのに。
＿＿＿＿＿＿＿＿＿＿＿＿＿＿＿＿＿

(3) もし彼の住所を知っていたら，彼に手紙を書くのに。
＿＿＿＿＿＿＿＿＿＿＿＿＿＿＿＿＿

(1)「〜できたらなあ」の文。
(2)「もし〜なら」を否定にする。
(3)「もし〜なら」の部分が「知っていたら」。

37

テストに出る！
予想問題

Lesson 5 〜 Tips ⑥ for Writing
Being True to Ourselves

🕐 30分

/100点

♪ **1** 対話を聞いて，内容に合う絵を選び，記号で答えなさい。　　　♪ a20　〔4点〕

（　　　）

♪ **2** 対話と質問を聞いて，その答えとして適するものを一つ選び，記号で答えなさい。

ア　She's Jack's friend.　　イ　Yes, she does.　　　　♪ a21　〔4点〕

ウ　Lucy does.　　　　　　　エ　No, she doesn't.　　　（　　　）

3 次の日本文にあうように，＿＿に適する語を書きなさい。　　　4点×5〔20点〕

ミス
注意 (1) あなたはどんな種類の映画が好きですか。

＿＿＿＿＿＿＿ ＿＿＿＿＿＿＿ of movie do you like?

(2) 私の弟には何も趣味がありません。

My brother ＿＿＿＿＿ have ＿＿＿＿＿ hobbies.

(3) 私は将来，有名な女優になりたいと思います。

I'd ＿＿＿＿＿ ＿＿＿＿＿ be a famous actress in the future.

(4) 間違いを恐れてはいけません。とにかく一生懸命やってみなさい。

Don't be ＿＿＿＿＿ ＿＿＿＿＿ make mistakes. Just try it hard.

(5) 野球をもうやらないの？　どういう意味？　プロの野球選手になりたいって言ったのに。

You don't play baseball anymore? What do you ＿＿＿＿＿? You said you

wanted ＿＿＿＿＿ be a professional baseball player.

よく
出る **4** 次の各組の文がほぼ同じ内容になるように，＿＿に適する語を書きなさい。　4点×4〔16点〕

(1) I don't have much money now, so I can't give you any gifts.

I ＿＿＿＿＿ I ＿＿＿＿＿ give you a gift.

(2) I'm bad at math, so I can't solve this problem.

If I ＿＿＿＿＿ good ＿＿＿＿＿ math, I ＿＿＿＿＿ solve this problem.

(3) My house is very small, so I can't have a big party here.

If I ＿＿＿＿＿ a big house, I ＿＿＿＿＿ have a big party.

(4) Mari wants to study English abroad but she can't because her parents don't agree.

Mari ＿＿＿＿＿ study English abroad if her parents ＿＿＿＿＿.

5 次の英文を読んで，あとの問いに答えなさい。 〔計32点〕

①Do you think [priority / as / studying / top / your / of] when you choose your high school? Some people think so, （ ② ） for me, studying isn't enough. I love playing baseball and I'd like to choose ③a high school （ ） （ ） （ ） （ ） （ ） （ ）.

"④I wish I were the same as other people." Some people might think so, （ ② ） I disagree. （ ⑤ ）. When I started junior high school, I was afraid to be different. At the same time, ⑥I (wish) I (am) the best at sports and the most popular.

(1) 下線部①が「高校を選ぶとき，勉強があなたの最優先事項だと思いますか」という意味になるように，〔 〕内の語を並べかえなさい。 〈6点〉

Do you think _____

when you choose your high school?

(2) 2つの（ ② ）に共通する語を書きなさい。 〈5点〉

_____

(3) 下線部③が「優れた野球チームのある高校」という意味になるよう，（ ）に適する語を書きなさい。 〈5点〉

a high school _____ _____ _____ _____ _____

(4) 下線部④を日本語になおしなさい。 〈6点〉

(_____)

(5) （ ⑤ ）に入る言葉として適するものを一つ選び，記号で答えなさい。 〈5点〉

ア I don't want to be different.　　イ They are not different.

ウ I want to be different.　　エ They are right. （ ）

(6) 下線部⑥の2つの（ ）内の語を適切な形になおしなさい。 〈5点〉

I _____ I _____

6 〔 〕内の語句を並べかえて，日本文にあう英文を書きなさい。 6点×2〔12点〕

(1) ひまだったら買い物に行くのになあ。I〔 were / shopping / if / go / would / I / free 〕.

I _____.

(2) 彼のように歌えたらなあ。　I〔 could / him / wish / like / sing / I 〕.

I _____.

7 次の日本文を英語になおしなさい。 6点×2〔12点〕

(1) 晴れていたら友達とビーチに行くのに。（If で始めて，sunny を使って）

_____

(2) スポーツで一番の人になりたい。（want to と someone を使って）

_____

Why do We Have to Work?

テストに出る！ **ココ**が**要点**&**チェック！**

ディスカッションやスピーチでの表現

教 p.69〜p.79

1 相手の話をよく聞いて，意見を言い合う

➡★(1)〜(3)

ディスカッションをするときによく使われる表現をおぼえて，上手に意見を交換しよう。

ディスカッションを始めるとき（司会者として）

・Today's discussion is 〜. 本日の討論は〜です。　・We talk about 〜. 〜について話します。

自分の意見を述べるとき

・In my opinion, 〜. 私の考えでは，〜。

・I think 〜 / I don't think 〜. 私は〜と思います。/ 私は〜と思いません。

相手の意見を聞くとき

・How about you? あなたはどうですか。

・What do you think about 〜? 〜についてあなたはどう思いますか。
　→ How do you 〜? ではない点に注意

話し始めのワンクッション

・As you know, ご存じのように，　・So, ところで，/ まあ，/ つまり

相手の意見に賛成 / 反対するとき

・I agree with 〜. / I disagree with 〜. 〜に賛成です。/ 〜に反対です。

・I'm for 〜. / I'm against 〜. 〜に賛成です。/ 〜に反対です。

理由を述べるとき

・〜, because … 〜, なぜならば…　・The reason is that 〜. その理由は〜です。

> **重要表現**
>
> discussion
> 討議，討論
> opinion 意見
> agree 〜に賛成する
> disagree 〜に反対する
> is for 〜 〜に賛成する
> is against 〜
> 　　　　〜に反対する

2 自分のことや考えを伝える

➡★(4)

自分のことや考えを伝えるには，3つのコツがある。上手なやり方をおぼえよう。

自分のことや考えを伝えるときの手順

①結論　My favorite season is winter.　私が大好きな季節は冬です。

→②理由　I like winter sports.　私はウィンタースポーツが好きです。

　→③例・経験　I often go snowboarding with my family.
　　　　　　　私はよく家族とスノーボードをしに行きます。

> **重要表現**
>
> favorite
> お気に入りの，大好きな
> often しばしば

☆チェック！　（　）内から適する語を選びなさい。

1
- □ (1) (In / On) my opinion, robots are important.　私の考えではロボットは重要です。
- □ (2) (So / As) you know, education is necessary.　ご存じのように，教育は必要です。
- □ (3) (What / Which) do you think about the uniform?　制服についてどう思いますか。

2
- □ (4) I (always / often) go to the library with my friends.　私はよく友達と図書館に行きます。

☆チェック！ の答えは次ページ ➡

テスト対策問題

テスト対策✴ナビ

🎵 **リスニング**

♪ a22

1 対話と質問を聞いて，その答えとして適するものを一つ選び，記号で答えなさい。

(1) ア Jane does.　　イ No, she doesn't.

ウ Ben does.　　　　　　　　　（　　　）

(2) ア No, they don't.　イ Yes, they do.

ウ John likes the new movie.　　（　　　）

2 (1)〜(6)は単語の意味を書きなさい。(7)〜(10)は日本語を英語にしなさい。

(1) discussion（　　　　　）　(2) health　　（　　　　　）

(3) wife　　（　　　　　）　(4) government（　　　　　）

(5) labor　　（　　　　　）　(6) common　（　　　　　）

(7) 関係がある＿＿＿＿＿＿　(8) 研究者＿＿＿＿＿＿

(9) 半分　　＿＿＿＿＿＿　(10) 協力する＿＿＿＿＿＿

2 重要単語
(6)は形容詞。

3 次の日本文にあうように，＿＿に適する語を書きなさい。

(1) パイとアイスクリームのどちらも大好きです。

I love ＿＿＿＿＿＿ pies ＿＿＿＿＿＿ ice cream.

(2) 今日は5時までに帰宅しなければなりません。

I have to ＿＿＿＿＿＿ ＿＿＿＿＿＿ by five today.

(3) 先日，私は旧友の1人を訪ねました。

The ＿＿＿＿＿＿ ＿＿＿＿＿＿, I visited one of my old friends.

(4) ジルのおばあさんは17歳で結婚しました。

Jill's grandmother ＿＿＿＿＿＿ ＿＿＿＿＿＿ at seventeen.

(5) あなたが一日にテレビを見てよいのは多くて2時間です。

You can watch TV for two hours ＿＿＿＿＿ ＿＿＿＿＿.

(6) たいていの人は大人になると働きます。

＿＿＿＿＿＿ people work when they grow ＿＿＿＿＿.

3 重要表現
(1)「どちらも」という意味であることに注意。
(2)

ポイント

get には「〜を得る」という意味のほかに
・着く，達する
・[ある状態に]なる
という意味がある。

(6)「大人になる」は「成長する」ということ。

4 次の日本文にあうように，＿＿に適する語を書きなさい。

(1) 私は和食が大好きです。あなたはどうですか。

I love Japanese food. ＿＿＿＿＿＿ ＿＿＿＿＿＿ you?

(2) 引っ越すそうですね。本当ですか？

I've heard you are moving. Is ＿＿＿＿＿＿ ＿＿＿＿＿＿?

(3) 「私たち，一休みが必要だわ」「ぼくも同感だよ」

"We ＿＿＿＿＿＿ a break." "I ＿＿＿＿＿＿ with you."

4 会話表現

ミス注意！

「本当の」という意味を表す形容詞に注意。
true　真実の
real　実在の，本物の
right　正しい，適切な

テストに出る！
予想問題

Lesson 6 〜 Project ②
Why do We Have to Work?

⏱ 30分　　/100点

🎵 **1** 対話を聞いて，内容に合う絵を選び，記号で答えなさい。　　♪ a23　〔4点〕

（　　　）

🎵 **2** 対話と質問を聞いて，その答えとして適するものを一つ選び，記号で答えなさい。

♪ a24　〔4点〕

ア　To have a holiday in Canada.　　　イ　To learn English from Kazuo.

ウ　To go to an English school in Japan.　　エ　To study English abroad.　　（　　　）

3 〔　〕内の語句を並べかえて，日本文にあう英文を書きなさい。　4点×3〔12点〕

(1)　私には，あなたの意見に反対する理由はありません。

I don't have〔 disagree / to / any / reasons 〕with your opinion.

I don't have ＿＿＿＿＿＿＿＿＿＿＿＿＿＿＿＿＿ with your opinion.

(2)　結婚後，ジョーとマリコはシンガポールに引っ越しました。

〔 getting / after / married 〕, Joe and Mariko moved to Singapore.

＿＿＿＿＿＿＿＿＿＿＿＿＿＿＿＿＿, Joe and Mariko moved to Singapore.

(3)　家族や友達のために時間をかけることは大切です。

〔 time / for / spending 〕your family and friends is important.

＿＿＿＿＿＿＿＿＿＿＿＿＿＿＿＿＿ your family and friends is important.

4 次の日本文にあうように，＿＿に適する語を書きなさい。　6点×3〔18点〕

(1)　私たちはプラスチックの使用を止めるべきでしょうか。そうする理由，またはしない理由は？

Should we stop using plastic? ＿＿＿＿＿＿＿ or ＿＿＿＿＿＿＿ ＿＿＿＿＿＿＿?

(2)　ご意見をありがとうございます。おっしゃりたいことは分かります。

Thank you for your opinion. I ＿＿＿＿＿＿＿ ＿＿＿＿＿＿＿ you mean.

(3)　十分な情報がないので，調べさせてください。

I don't have enough information, so ＿＿＿＿＿＿＿ me ＿＿＿＿＿＿＿ it.

5 次の対話が成り立つように，＿＿に適する語を書きなさい。　6点×3〔18点〕

(1)　Dad's car needs washing. I washed it last time, so it's your ＿＿＿＿＿＿＿ this time.

— ＿＿＿＿＿＿＿ it! I will do it this afternoon.

(2)　We have many old people in Japan. We must take ＿＿＿＿＿＿＿ of them.

— I'm ＿＿＿＿＿＿＿ you. It is important to help them.

(3)　I heard you are good ＿＿＿＿＿＿＿ math. Is that true?

— Yes, you are ＿＿＿＿＿＿＿. It is my favorite subject.

6 次の英文を読んで，あとの問いに答えなさい。 〔計25点〕

> *Ms. King:* ①(＿＿＿)(＿＿＿)(＿＿＿), tomorrow is Labor Thanksgiving Day. So today's discussion is related (②) labor: Do we have to work? Why or why not? ③Take (minutes / about / a / talk / few / to) these two questions in your groups.
>
> *Aya:* Let's start! ④Do you all think we have to work? How about you, Bob?
>
> *Bob:* Well, in my opinion, yes. ⑤If we don't, how can we live?
>
> *Kenta:* I agree with Bob. People need money. But there's more (②) life than that.

(1) 下線部①が「あなたたちが知っている通り」という意味になるように，( )に適する語を書きなさい。 〈5点〉

＿＿＿＿＿＿＿ ＿＿＿＿＿＿＿ ＿＿＿＿＿＿＿

(2) ②の( )内に共通する語を書きなさい。 〈4点〉

＿＿＿＿＿＿＿

(3) 下線部③の( )内の語を並べかえなさい。 〈5点〉

Take ＿＿＿＿＿＿＿＿＿＿＿＿＿＿＿＿＿＿＿

these two questions in your groups.

(4) 下線部④の英文を日本語になおしなさい。 〈6点〉

(＿＿＿＿＿＿＿＿＿＿＿＿＿＿＿＿＿＿＿＿＿＿＿＿＿＿)

(5) 下線部⑤の don't の後に省略されている１語を書きなさい。 〈5点〉

＿＿＿＿＿＿＿

7 〔 〕内の語句を並べかえて，日本文にあう英文を書きなさい。 3点×3〔9点〕

(1) あなたにこの本を読んでほしいと思います。 I〔 this / read / to / you / want / book 〕.

I ＿＿＿＿＿＿＿＿＿＿＿＿＿＿＿＿＿＿＿＿ .

(2) 彼は世界のために働いているように感じています。

He〔 working / he / like / for / feels / is 〕the world.

He ＿＿＿＿＿＿＿＿＿＿＿＿＿＿＿＿＿ the world.

(3) あなたの意見に反対ではありません。 I〔 your / with / don't / opinion / disagree 〕.

I ＿＿＿＿＿＿＿＿＿＿＿＿＿＿＿＿＿＿＿＿ .

8 次の日本文を英語になおしなさい。 5点×2〔10点〕

(1) 英語を勉強する理由を話し合いましょう。（reason を使って）

＿＿＿＿＿＿＿＿＿＿＿＿＿＿＿＿＿＿＿＿＿＿＿＿＿＿＿＿

(2) 私は，よい友達を持つことがいかに大切か知っています。

（to have good friends と it を使って）

＿＿＿＿＿＿＿＿＿＿＿＿＿＿＿＿＿＿＿＿＿＿＿＿＿＿＿＿

Debating Doggy Bags

テストに出る！ **ココ**が**要点**＆**チェック！**

ディベートでの表現

教 p.81〜p.91

1 話し合いを進めるための表現

➡️★(1)〜(4)

ディベートを進めるときの決まった言い方をおぼえておこう。

司会者の表現

Let's discuss 〜. 〜について討論しましょう。　It's your turn. あなたの番です。　⇒ turn は「番」。

Would you please explain the reason? 理由を説明していただけますか。

⇒ Would you 〜? はていねいにお願いする言い方。

話し終えるときの表現

That's all. 以上です。　　That you. ありがとうございました。

Thank you. ありがとうございました。

相づちを打つ

You're right. そうですね。　　I see. そうですね。／なるほど。

Got it. わかりました。　　That's a good point. それはいい考えです。／その通りです。

2 根拠を述べる表現

➡️★(5)〜(8)

理由や根拠を述べるときには，決まった言い方を使って，順序よく説明する。

According to 〜　〜によると　　For example　例えば

First, 〜. Second, 〜. Third, 〜. 第1に〜。第2に〜。第3に〜。⇒ 3つの根拠を順番に説明するための言い方。

For these reasons　これらの理由で　　Thus　だから

重要表現

should 〜するべき　Customers should be careful. お客さんたちは注意すべきです。
would 〜だろう　The price of food would become higher.　食品の価格はより高くなるだろう。
strongly 強く　We strongly disagree. 私たちは強く反対します。
〜, though 〜だけれども　It was for us, though. それは私たちのためでしたけれど。
is defined as 〜　〜と定義される　⇒受け身形　　even if 〜　たとえ〜でも

☆チェック！　（　）内から適する語を選びなさい。

1
- [ ] (1) Let's (discuss / discussion) food loss. 　　フードロスについて討論しましょう。
- [ ] (2) It's not your (time / turn), John. 　　きみの番ではありませんよ，ジョン。
- [ ] (3) You're (right / true), Emily. 　　そうですね，エミリー。
- [ ] (4) I think that's a good (part / point). 　　それはいい指摘だと思います。

2
- [ ] (5) According (from / to) the report, food may be spoiled. 報告によると食品は腐るかもしれない。
- [ ] (6) We (may / should) reduce plastic waste. 　私たちはプラスチック廃棄物を減少させるべきです。
- [ ] (7) (For / By) these reasons, I don't agree with him. 　これらの理由で私は彼に賛成しません。
- [ ] (8) I disagree with him, (but / though) he is a good man. 彼には反対です，彼はいい人だけれど。

テスト対策問題

リスニング

♪ a25

1 対話と質問を聞いて，その答えとして適するものを一つ選び，記号で答えなさい。

(1) ア No, he doesn't. イ No, they shouldn't.
ウ Yes, he does. (　　)

(2) ア Louise does. イ Kenta does.
ウ Kenta doesn't need one. (　　)

2 (1)〜(6)は単語の意味を書きなさい。(7)〜(10)は日本語を英語にしなさい。

(1) possible (　　　　) (2) side (　　　　)
(3) lose (　　　　) (4) meal (　　　　)
(5) spoil (　　　　) (6) price (　　　　)
(7) 廃棄物 ＿＿＿＿ (8) 調査 ＿＿＿＿
(9) 〜を準備する ＿＿＿＿ (10) 費用 ＿＿＿＿

2 重要単語
(1)は形容詞，(3)(5)は動詞。

3 次の日本文にあうように，＿＿に適する語を書きなさい。

(1) この本を気に入っているなら家に持って帰ってもいいですよ。
You can ＿＿＿＿ ＿＿＿＿ this book if you like it.
(2) 私は受け取る E メールのすべてに応答するようにしています。
I try to ＿＿＿＿ ＿＿＿＿ all emails I receive.
(3) ホテル代と食事代を私が支払います。
I'll ＿＿＿＿ ＿＿＿＿ the hotel and the meals.
(4) 変更については以上です。
＿＿＿＿ ＿＿＿＿ regarding the change.
(5) 彼は疲れていても，いつも他の人々を助けます。
He always helps others ＿＿＿＿ ＿＿＿＿ he is tired.
(6) 私はこの 2 つの単語の違いを知りません。
I don't know the ＿＿＿＿ ＿＿＿＿ these two words.

3 重要表現

ポイント
take+「どこに」という意味の語で，「〜へ持って[連れて]行く」。
take home 家に持ち帰る
take there そこへ持って[連れて]行く

(5)「たとえ〜でも」という言い方。

4 次の日本文を英語になおしなさい。

(1) あなた方の考えに強く賛成します。
＿＿＿＿

(2) 学校でのスマートフォンの使い方について話し合いましょう。
＿＿＿＿

4 英作文

ミス注意!
「〜しましょう」は Let's 〜。Let's の後は動詞の原形。

テストに出る！
予想問題

Lesson 7 ～ Project ③
Debating Doggy Bags

⏱ 30分

/100点

🎵 **1** 対話を聞いて，内容にあう絵を選び，記号で答えなさい。　♪ a26　〔4点〕

（　　）

🎵 **2** 対話と質問を聞いて，その答えとして適するものを一つ選び，記号で答えなさい。

ア　They are discussing how to reduce plastic waste.　♪ a27　〔4点〕

イ　They are choosing a topic for discussion.

ウ　They are having discussion about how to use plastic.

エ　They are reducing plastic waste.　（　　）

3 次の各組の文がほぼ同じ内容になるように，＿＿に適する語を書きなさい。　3点×2〔6点〕

(1)　Amy has an idea, but Pete doesn't like it.

　　Pete ＿＿＿＿＿＿＿＿ with Amy's idea.

(2)　When I ask Aki to help me, she always says she can't.

　　Aki always ＿＿＿＿＿＿＿＿ when I ask her for help.

4 次の日本文にあうように，＿＿に適する語を書きなさい。　4点×3〔12点〕

(1)　私たちはその問題の解決策を見つけなければなりません。

　　We must find a ＿＿＿＿＿＿＿＿ ＿＿＿＿＿＿＿＿ the problem.

(2)　毎年2万人以上の人々がこの美術館を訪ねます。

　　＿＿＿＿＿＿＿＿ twenty thousand people visit this museum ＿＿＿＿＿＿＿＿.

(3)　私たちは1日につきどのくらいの水を飲むべきですか。

　　How much water should we drink ＿＿＿＿＿＿＿＿ ＿＿＿＿＿＿＿＿?

5 次の対話が成り立つように，＿＿に適する語を書きなさい。　4点×3〔12点〕

(1)　I agree with Jack's opinion. ＿＿＿＿＿＿＿＿ about you?

　　— I don't ＿＿＿＿＿＿ ＿＿＿＿＿＿ him. I think his idea will cause some problems.

(2)　Do you think we ＿＿＿＿＿＿＿＿ have school uniforms?

　　— I think we ＿＿＿＿＿＿＿＿ to ask everyone's opinions about that.

(3)　I don't know what to do with my old books. Do you have any good ideas?

　　— If they ＿＿＿＿＿＿＿＿ my books, I ＿＿＿＿＿＿＿＿ give them to a charity group.

6 次の英文を読んで，あとの問いに答えなさい。 〔計22点〕

Ms. King:	Questions from the negative side.
Aya:	① What is the (　　　) (　　　) food loss and food waste?
Kenta:	② Food loss is defined as "[eaten / that / be / discarded / food / can]."
	Food waste means "unused food discarded in the process of ③(prepare)
	food." ④ It also includes stored food that has spoiled.

(1) 下線部①が「フードロスと食品廃棄物との間の違いは何ですか」という意味になるよう
に，（ ）に適する語を書きなさい。 ＿＿＿＿＿＿ ＿＿＿＿＿＿ 〈6点〉

(2) 下線部②が「フードロスは『食べることができる廃棄された食品』として定義されてい
ます」という意味になるように，〔 〕内の語句を並べかえなさい。 〈6点〉
Food loss is defined as "＿＿＿＿＿＿＿＿＿＿＿＿＿＿＿＿＿＿＿＿."

(3) ③の（ ）内の語を適する形になおしなさい。 〈3点〉

＿＿＿＿＿＿＿＿

(4) 下線部④の英文を日本語になおしなさい。 〈7点〉
（ ）

7 〔 〕内の語句を並べかえて，日本文にあう英文を書きなさい。 5点×4〔20点〕

(1) 新しい規則の導入が必要です。 It〔 introduce / rules / to / necessary / is / new 〕.
It ＿＿＿＿＿＿＿＿＿＿＿＿＿＿＿＿＿＿＿＿＿.

(2) その調査は新しい結果を報告しています。 The〔 results / research / reports / new 〕.
The ＿＿＿＿＿＿＿＿＿＿＿＿＿＿＿＿＿＿＿＿＿.

(3) その考えに何人が反対していますか。How〔 people / disagree / idea / many / the / with 〕?
How ＿＿＿＿＿＿＿＿＿＿＿＿＿＿＿＿＿＿＿＿＿?

(4) それについても同じことが言えます。 The〔 it / said / about / same / be / can 〕.
The ＿＿＿＿＿＿＿＿＿＿＿＿＿＿＿＿＿＿＿＿＿.

8 次の日本文を英語になおしなさい。 5点×4〔20点〕

(1) このビデオを家に持って帰って見ていいですよ。

＿＿＿＿＿＿＿＿＿＿＿＿＿＿＿＿＿＿＿＿＿＿＿＿＿＿

(2) 今日は私があなたの昼食代を払います。

＿＿＿＿＿＿＿＿＿＿＿＿＿＿＿＿＿＿＿＿＿＿＿＿＿＿

(3) たとえあなたがこの質問に答えられないとしても，心配する必要はありません。

＿＿＿＿＿＿＿＿＿＿＿＿＿＿＿＿＿＿＿＿＿＿＿＿＿＿

(4) 政府によると，日本では多くの食べ物が廃棄されています。

＿＿＿＿＿＿＿＿＿＿＿＿＿＿＿＿＿＿＿＿＿＿＿＿＿＿

HELLO!

My Prayer for Peace

テストに出る！ ココが要点＆チェック！

大事な文法の復習

教 p.92〜p.97

1 後置修飾の文

➡ チェック！ (1)〜(4)

教科書に出てきた，後置修飾の文を復習しよう。

動詞の ing 形で説明する

three topics **involving** teenagers

ティーンエージャーに影響を与える3つの話題

過去分詞で説明する

a manga **based** on Hiroshima trams

広島の路面電車に基づくマンガ

〈主語＋動詞〉で説明する

two origami cranes **he made himself**

彼が自分で作った2つの折り紙のツル

・ 重要表現 ・

in fact　実際に
in an instant　一瞬にして
be shocked at 〜
〜にショックで
determine to 〜
〜することを決意する
carry on with 〜
〜をがんばり通す

2 関係代名詞の文

➡ チェック！ (5)〜(7)

教科書に出てきた，that や which を使った関係代名詞の文を復習しよう。

「どんなものか」を説明する

There is one thing **that** might be basic to them all.

それらすべての基本となるかもしれない1つのことがあります。

Three of the trams **which** survived the bomb are still in service.

爆弾を生き延びた路面電車の3つは，まだ運行しています。

「どんな人か」を説明する

a little girl **who** lost her family just after the atomic bomb

原爆のすぐ後に家族を失った少女

☆チェック！ 　（　）内から適する語を選びなさい。

1
- □ (1) The people (wait / waiting) outside were tired.　外で待っていた人たちは疲れていました。
- □ (2) I like this bag (making / made) in France.　私はこのフランス製のバッグを気に入っています。
- □ (3) The stranger disappeared (in / at) an instant.　その見知らぬ人は一瞬にして姿を消しました。
- □ (4) Everyone was shocked (of / at) the accident.　全員がその事故にショックを受けました。

2
- □ (5) The girl (which / who) made this cake is my sister.　このケーキを作った少女は私の姉です。
- □ (6) The shop(who / which) opened last week is very popular.　先週開いたその店は大人気です。
- □ (7) There are some students (which / who) don't eat breakfast.　朝食を抜く生徒がいます。

☆チェック！ の答えは次ページ ➲

テスト対策問題

♪ リスニング

♪ a28

1 対話と質問を聞いて，その答えとして適するものを一つ選び，記号で答えなさい。

(1) ア　Yes, he has many friends at school.　　イ　It's friendship.

　　ウ　He agrees with Lucy.　　　　　　　　　　　　　　　（　　　）

(2) ア　Yes, he has.　　　　　　　　　　イ　No, he hasn't.

　　ウ　He is a famous scientist.　　　　　　　　　　　　（　　　）

---

2 (1)〜(6)は単語の意味を書きなさい。(7)〜(10)は日本語を英語にしなさい。

(1) prayer　（　　　　　）　(2) memorial （　　　　　）

(3) bomb　（　　　　　）　(4) decision （　　　　　）

(5) importance（　　　　　）　(6) surely　（　　　　　）

(7) 富，財産　＿＿＿＿＿＿　(8) 事実　＿＿＿＿＿＿

(9) 強さ　＿＿＿＿＿＿　(10) 〜を実感する　＿＿＿＿＿＿

2 重要単語
(1)は名詞。動詞ではない。(5)は名詞。形容詞ではない。

よく出る 3 次の日本文にあうように，＿＿に適する語を書きなさい。

(1) その男は一瞬にして消えました。

　The man disappeared ＿＿＿＿＿ an ＿＿＿＿＿.

(2) このバスはあなたを駅へ連れて行ってくれます。

　This bus ＿＿＿＿＿ you ＿＿＿＿＿ the station.

(3) 私のおばあさんは 8 人の子どもを育てました。

　My grandmother ＿＿＿＿＿ ＿＿＿＿＿ eight children.

(4) その宿題を終わらせるのを手伝ってあげますよ。

　I will ＿＿＿＿＿ you ＿＿＿＿＿ the homework.

(5) 彼らはその国に爆弾を落としました。

　They ＿＿＿＿＿ a bomb ＿＿＿＿＿ the country.

(6) 彼はそのケガから回復しています。

　He has ＿＿＿＿＿ ＿＿＿＿＿ the injury.

3 重要表現
(1)「瞬間」という意味の語を使う。

(3) 2語で「〜を育てる」という意味になる。

(5)「〜に…を落とす」を表す表現。
(6)現在完了の文になっていることに注意。

---

4 次の日本文を英語になおしなさい。

ミス注意! (1) そのビデオは私たちに，彼らがそこでどう暮らしているかを見せます。

　＿＿＿＿＿＿＿＿＿＿＿＿＿＿＿＿

(2) ベス(Beth)はそこに到着した最初の人でした。

　＿＿＿＿＿＿＿＿＿＿＿＿＿＿＿＿

(3) この物語は，その家族の経験に基づいています。

　＿＿＿＿＿＿＿＿＿＿＿＿＿＿＿＿

4 英作文

ミス注意!
「どう〜するか」は，〈how＋主語＋動詞〉。howの後を疑問文の形にしないよう注意。

テストに出る!
予想問題

Reading ②
My Prayer for Peace

⏱ 30分

/100点

🎵 **1** 対話を聞いて、内容にあわない絵を選び、記号で答えなさい。　♪ a29　〔4点〕

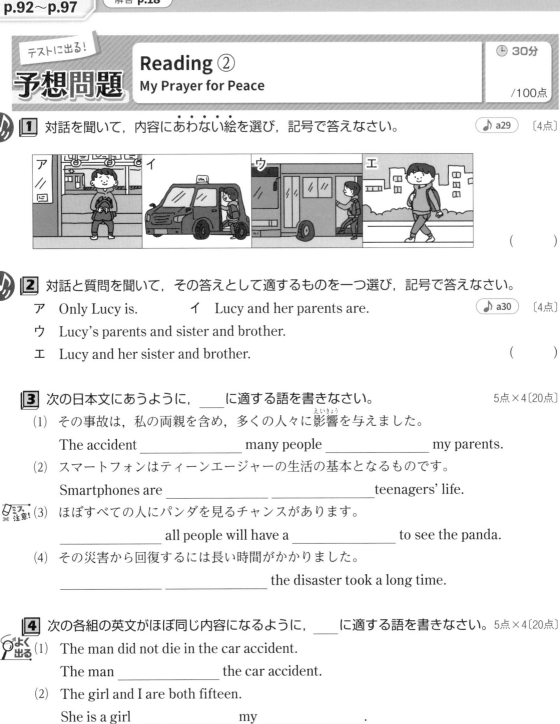

ア　イ　ウ　エ

(　　　)

🎵 **2** 対話と質問を聞いて、その答えとして適するものを一つ選び、記号で答えなさい。

ア　Only Lucy is.　　イ　Lucy and her parents are.　　♪ a30　〔4点〕

ウ　Lucy's parents and sister and brother.

エ　Lucy and her sister and brother.

(　　　)

3 次の日本文にあうように、＿＿に適する語を書きなさい。　5点×4〔20点〕

(1) その事故は、私の両親を含め、多くの人々に影響を与えました。

The accident ＿＿＿＿＿＿ many people ＿＿＿＿＿＿ my parents.

(2) スマートフォンはティーンエージャーの生活の基本となるものです。

Smartphones are ＿＿＿＿＿＿ ＿＿＿＿＿＿teenagers' life.

(3) ほぼすべての人にパンダを見るチャンスがあります。

＿＿＿＿＿＿ all people will have a ＿＿＿＿＿＿ to see the panda.

(4) その災害から回復するには長い時間がかかりました。

＿＿＿＿＿＿ ＿＿＿＿＿＿ the disaster took a long time.

4 次の各組の英文がほぼ同じ内容になるように、＿＿に適する語を書きなさい。5点×4〔20点〕

(1) The man did not die in the car accident.

The man ＿＿＿＿＿＿ the car accident.

(2) The girl and I are both fifteen.

She is a girl ＿＿＿＿＿＿ my ＿＿＿＿＿＿.

(3) They continued their work during the difficult time.

They ＿＿＿＿＿＿ on ＿＿＿＿＿＿ their work during the difficult time.

(4) People use the library more often than other ones in the town.

The library is the ＿＿＿＿＿＿ ＿＿＿＿＿＿ in the town.

5 次の英文を読んで，あとの問いに答えなさい。 〔計20点〕

Barack Obama visited Hiroshima in 2016 and ①became [U.S. President / so / sitting / to / the first / do]. ②He (   )(   )(   ) then. ③It started (   ) (   ):

"Seventy-one years ago, on a bright cloudless morning, death fell from the sky and the world was changed."

④The speech helped me realize the importance of peace again. He visited the Hiroshima Peace Memorial Museum, and handed two origami cranes ⑤he made (   ) to elementary and junior high students there.

(1) 下線部①が「そのようにする最初の現職のアメリカ大統領となりました」という意味になるように，〔 〕内の語句を並べかえなさい。 〈5点〉

became _____

(2) 下線部②が「彼はその時スピーチをしました」という意味になるように，( )に適する語を書きなさい。 〈5点〉

He _____ _____ _____ then.

(3) 下線部③が「それはこのように始まりました」という意味になるように，( )に適する語を書きなさい。 〈3点〉

It started _____ _____

(4) 下線部④の英文を日本語になおしなさい。 〈5点〉

(   )

(5) 下線部⑤が「彼が自ら作った」という意味になるように，( )に適する語を書きなさい。 〈2点〉

he made _____

6 〔 〕内の語句を並べかえて，日本文にあう英文を書きなさい。 6点×3〔18点〕

(1) 私はその写真にショックを受けました。 [at / picture / shocked / was / I / the].

_____

(2) 彼はその問題の解決を決意しました。 He [the / solve / to / problem / determined].

He _____.

(3) そのひどい火事が町を破壊しました。 The [destroyed / fire / the / terrible / town].

The _____.

7 次の日本文を英語になおしなさい。 7点×2〔14点〕

(1) その会社は自社(itself)のことを世界最大の自動車会社と呼んでいます。

_____

(2) 彼はその重要な仕事を息子に委ねました。

_____

Further Reading ①②

Painting the Fence / Counting on Katherine Johnson

テストに出る！ ココが要点＆チェック！

重要表現

教 p.98〜p.107

1 Painting the Fence（短編物語）　p.98〜101　　➡★(1)〜(4)

教科書に出てきた，重要な文法と英語表現を確認しよう。

不定詞と後置修飾

Tom usually was free to do anything he wanted to do.　トムはたいていは，やりたいことをなんでも自由にできた。

he wanted to do が anything を修飾

He wondered if he could give his friends something to do the work for him.
〜かなと思った

彼は彼のために仕事をしてくれるように，友達に何かをあげられないかなと思った。

・ 前置詞を使った重要表現 ・

get angry at 〜　〜に腹を立てる　　laugh at 〜　〜を笑う　　instead of 〜　〜の代わりに
by the end of 〜　〜の終わりまでに　　be in trouble　面倒に巻き込まれる
with a surprised look　びっくりした顔をして

2 Counting on Katherine Johnson（伝記）　p.102〜107　　➡★(5)〜(8)

教科書に出てきた，重要な文法と英語表現を確認しよう。

a town that had a high school they could go to　彼らが行くことのできる高校があった町

People called research mathematicians "computers" those days.
〈call＋(人)〜〉(人)を〜と呼ぶ

人々は当時，研究数学者を「コンピュータ」と呼んだ。

・ 重要表現 ・

count on 〜　〜を頼りにする　　be ready to 〜　〜する用意のできた
in the meantime　その間に　　rely on 〜　〜を頼みにする　　keep -ing　〜し続ける
as 〜 as ever　今までと同じように〜

☆チェック！　（　）内から適する語を選びなさい。

1
- ☐ (1) This book is easy (reading / to read) for anyone.　この本は誰にとっても読みやすいです。
- ☐ (2) Do you have anything (for / to) eat for lunch?　あなたは昼食に食べるものがありますか。
- ☐ (3) Everyone laughed (at / of) my strange name.　みんな私の奇妙な名前を笑いました。
- ☐ (4) You must finish it (to / by) Friday.　あなたは金曜日までにそれを終えなければいけません。

2
- ☐ (5) That is the book (that / what) I have been looking for.　あれが私が探していた本です。
- ☐ (6) Don't (call / count) on other people's help.　他の人たちの助けに頼ってはいけません。
- ☐ (7) Are you (enough / ready) for school?　学校の準備はできましたか。
- ☐ (8) Mary was as kind as (well / ever).　メアリーは相変わらずやさしかったです。

☆チェック！ の答えは次ページ ➲

テスト対策問題

♪ リスニング

♪ a31

1 対話と質問を聞いて，その答えとして適するものを一つ選び，記号で答えなさい。

(1) ア　She is going to play computer games.　　イ　She is going to study.

ウ　She is going to join Akira and Tom.　　　　　　　　　（　　）

(2) ア　He studies mathematics there.

イ　He teaches mathematics there.

ウ　He works as a researcher there.　　　　　　　　　　（　　）

2 (1)〜(6)は単語の意味を書きなさい。(7)〜(10)は日本語を英語にしなさい。

(1) punish　（　　　　　　）　(2) awful　（　　　　　　）

(3) reluctantly（　　　　　　）　(4) skip　（　　　　　　）

(5) flight　（　　　　　　）　(6) faith　（　　　　　　）

(7) 喜び　＿＿＿＿＿＿＿　(8) ふりをする　＿＿＿＿＿＿＿

(9) 卒業する　＿＿＿＿＿＿＿　(10) 計算する　＿＿＿＿＿＿＿

2　重要単語

(1)(4)は動詞。(2)は形容詞。

よく出る **3** 次の日本文にあうように，＿＿に適する語を書きなさい。

(1) あなたは自由に料理を選べますよ。

You are ＿＿＿＿＿＿＿＿＿＿＿＿ choose any dish.

(2) 雨が降るのかしら。

I ＿＿＿＿＿＿＿＿ ＿＿＿＿＿＿＿＿ it's going to rain.

(3) 私は今日，彼に話す機会をつかめませんでした。

I didn't ＿＿＿＿＿＿＿ a ＿＿＿＿＿＿＿ to talk to him today.

(4) 他の人の助けを頼りにしてはいけません。

You can't ＿＿＿＿＿＿＿ ＿＿＿＿＿＿＿ other people's help.

(5) 私は疲れていましたが歩き続けました。

I ＿＿＿＿＿＿＿＿＿＿＿ although I was tired.

(6) 彼らは日本を出発しアメリカに向かいました。

They left Japan and ＿＿＿＿＿＿＿＿ ＿＿＿＿＿＿＿＿ America.

3　重要表現

(2)「〜かなと思う」という言い方を使う。

ポイント

keep＋動詞の -ing 形
〜し続ける
keep eating
食べ続ける
keep writing
書き続ける

ミス注意！ **4** 次の日本文を英語になおしなさい。

(1) 私に腹を立てないでください。

＿＿＿＿＿＿＿＿＿＿＿＿＿＿＿＿＿＿＿＿＿＿＿

(2) みんなが彼女のことを笑いました。

＿＿＿＿＿＿＿＿＿＿＿＿＿＿＿＿＿＿＿＿＿＿＿

(3) 彼は今年高校を卒業しました。

＿＿＿＿＿＿＿＿＿＿＿＿＿＿＿＿＿＿＿＿＿＿＿

4　英作文

ミス注意！

「腹を立てる」
＝「怒った状態になる」
「〜に」を表す前置詞を忘れないように。「彼女のことを」「高校を」にも前置詞が必要。

テストに出る！
予想問題

Further Reading ①
Painting the Fence

⏱ 30分

/100点

🎵 **1** 対話を聞いて，内容に合う絵を選び，記号で答えなさい。 　♪ a32 〔4点〕

ア　イ　ウ　エ

（　　　）

🎵 **2** 対話と質問を聞いて，その答えとして適するものを一つ選び，記号で答えなさい。

　ア　She came to visit Yuka. 　♪ a33 〔4点〕

　イ　She was a curious girl.

　ウ　She was very surprised.

　エ　She hasn't changed. 　　　　　　　　　　　　　　　（　　　）

3 次の日本文にあうように，＿＿に適する語を書きなさい。 　4点×4〔16点〕

（1）私たちは家の中のすべての壁のペンキを塗ることに決めました。

　We have ＿＿＿＿＿＿ ＿＿＿＿＿＿ paint all the walls in our house.

（2）ジョンは彼らに，自分に試させてくれと頼みました。

　John asked them to ＿＿＿＿＿ him ＿＿＿＿＿＿.

（3）みんな私の下手な歌をばかにして笑いました。

　Everyone ＿＿＿＿＿ ＿＿＿＿＿＿ my bad singing.

（4）彼は私に何度も「ありがとう」と言いました。

　He said, "Thank you" to me, ＿＿＿＿＿ and ＿＿＿＿＿.

4 次の英文を日本語になおしなさい。 　5点×4〔20点〕

よく出る（1）My parents stood there with a surprised look.

　（　　　　　　　　　　　　　　　　　　　　　　　　　）

（2）They agreed reluctantly that they would help her.

　（　　　　　　　　　　　　　　　　　　　　　　　　　）

（3）He pretended to be a doctor, but the police officer knew that was not true.

　（　　　　　　　　　　　　　　　　　　　　　　　　　）

（4）He became curious and asked them about it again and again.

　（　　　　　　　　　　　　　　　　　　　　　　　　　）

5 次の英文を読んで，あとの問いに答えなさい。 〔計20点〕

①Tom started to [fast / paint / as / possible /as].　After a while, he looked at the fence.　It was long and high.　"Oh, today is really going to be awful!" he thought.　"Soon the other boys will come and laugh at me （　②　） working."　③He （　　　　） （　　　　） he could give his friends something to do the work （　②　） him, but ④he didn't have anything interesting to give in his pocket.　At this dark moment, ⑤a wonderful idea came to him.

(1) 下線部①が「トムはできるだけ速くペンキを塗り始めました」という意味になるように，[ ]内の語を並べかえなさい。 〈5点〉

Tom started to _____ .

(2) ②の（ ）に適する共通の語を書きなさい。 〈2点〉

_____

(3) 下線部③が「彼は自分の友だちに何かあげられないだろうかと思った」という意味になるように（ ）に適する語を書きなさい。 〈3点〉

He _____ _____ he could give his friends something

(4) 下線部④の英文を日本語になおしなさい。 〈5点〉

(　　　　　　　　　　　　　　　　　　　　　　　　　　　）

(5) 下線部⑤の英文を日本語になおしなさい。 〈5点〉

(　　　　　　　　　　　　　　　　　　　　　　　　　　　）

6 [ ]内の語句を並べかえて，日本文にあう英文を書きなさい。 6点×3〔18点〕

(1) 私はその俳優に会う機会をつかみました。I [actor / see / the / chance / a / to / got].

I _____ .

(2) 彼らは一晩中歌って踊りました。　They [night / sang / and / whole / danced / the].

They _____ .

(3) 私は，自分の庭に美しくあってほしい。　I [be / my / garden / to / want / beautiful].

I _____ .

7 次の日本文を英語になおしなさい。 6点×3〔18点〕

(1) 私が勉強しているあいだはピアノを弾かないでください。（pleaseで始めて）

_____

(2) 私は地図を見るために立ち止まりました。

_____

(3) あなたは自分の意見を自由に述べることができます。（freeとtellを使って）

_____

テストに出る！
予想問題

Further Reading ②
Counting on Katherine Johnson

⏲ 30分

/100点

1 対話を聞いて，内容に合う絵を選び，記号で答えなさい。　　♪ a34 〔4点〕

ア　　イ　　ウ I can ...　　エ

(　　)

2 対話と質問を聞いて，その答えとして適するものを一つ選び，記号で答えなさい。

ア　He wants to be a math researcher.　　♪ a35 〔4点〕

イ　He wants to be a math teacher.

ウ　He is interested in studying Japanese history.

エ　He has never thought about studying Japanese history.　　(　　)

3 次の日本文にあうように，＿＿に適する語を書きなさい。　　5点×4〔20点〕

ミス注意！ (1) 彼女は今までと同じように美しかったです。

She was ＿＿＿＿＿＿ beautiful as ＿＿＿＿＿＿.

(2) そのバスには5人乗っていました。

In the bus, there were five people ＿＿＿＿＿＿ ＿＿＿＿＿＿.

(3) アポロ11号はついに離陸しました。

Apollo 11 ＿＿＿＿＿＿ ＿＿＿＿＿＿ eventually.

(4) その間に，私は独学でフランス語を勉強しました。

I studied French by myself in ＿＿＿＿＿＿ ＿＿＿＿＿＿.

4 次の各組の英文がほぼ同じ内容になるように，＿＿に適する語を書きなさい。5点×4〔20点〕

(1) She thought a math researcher was a hard job.

＿＿＿＿＿＿ ＿＿＿＿＿＿ a math researcher was hard for her.

(2) She thought she could rely on him.

She had a ＿＿＿＿＿＿ ＿＿＿＿＿＿ him.

(3) The entire family left for Canada.

The entire family ＿＿＿＿＿＿ ＿＿＿＿＿＿ Canada.

(4) Anne was offered a job by the company.

Anne was ＿＿＿＿＿＿ ＿＿＿＿＿＿ work for the company.

5 次の英文を読んで，あとの問いに答えなさい。 〔計22点〕

In 1953 ① Katherine 〔 job / as / offered / a / was 〕 a research mathematician at the National Advisory Committee for Aeronautics (NACA). ② People called research mathematicians "computers" those days because ③ their job was to compute numbers. Katherine loved her job as a computer.

④ Soon she was sent to (　　　)(　　　) a flight research project. In 1958, NACA became the National Aeronautics and Space Administration, (　⑤　) NASA.

(1) 下線部①が「キャサリンは研究数学者としての仕事を提供されました」という意味になるように，〔 〕内の語を並べかえなさい。 〈5点〉

Katherine _____ a research mathematician

(2) 下線部②を，research mathematicians を主語とする文に書きかえなさい。 〈5点〉

_____

(3) 下線部③の英文を日本語になおしなさい。 〈5点〉

(_____)

(4) 下線部④が「すぐに彼女は，飛行研究プロジェクトに取り組むため送り出されました」という意味になるように，(　)に適する語を書きなさい。 〈4点〉

Soon she was sent to _____ _____ a flight research project.

(5) 空欄⑤に適する語を書きなさい。 〈3点〉

_____

6 〔 〕内の語句を並べかえて，日本文にあう英文を書きなさい。 5点×3〔15点〕

(1) その宇宙飛行士は宇宙に送られました。 The 〔 to / was / astronaut / space / sent 〕.

The _____.

(2) それは彼の唯一の業績ではありません。That 〔 accomplishment / only / his / not / is 〕.

That _____.

(3) その子供は最初の一歩を踏みだしました。 The 〔 step / his / took / child / first 〕.

The _____.

7 次の日本文を英語になおしなさい。 5点×3〔15点〕

(1) 私は動物に関連した仕事を見つけたいと思います。(hope to を使って)

_____

(2) 彼は非常に賢かったので，2学年飛び級しました。

(He で始め，grade と because を使って)

_____

(3) 彼女は，自分が討議に参加できるかどうか尋ね続けました。(participate を使って)

_____

Further Reading ③④

HELLO!

Free The Children / John Mung

テストに出る！ **ココ**が**要点**&**チェック！**

重要表現

教 p.108〜p.119

1 Free The Children（ノンフィクション） p.108〜113

➡★ (1)〜(4)

教科書に出てきた，重要な文法と英語表現を確認しよう。

Iqbal was forced to work in a carpet factory.
be＋過去分詞（受け身） to＋動詞の原形（不定詞）

イクバルはじゅうたん工場で働くことを強制されました。

He understood how important FTC was.
〈how＋形容詞＋主語＋be動詞〉〜がどんなに…であるか

彼は，FTC がどんなに重要であったかわかりました。

— 重要表現 —

free 解放する,自由にする　dangerous 危険な　figure 図　escape 〜から逃げる
truth 真実　political 政治的な　spread 〜が広がる　speak out はっきりと話す
caught his eye 彼の目を引きつけた（caught は catch の過去形）　in addition さらに

2 John Mung（伝記） p.114〜119

➡★ (5)〜(8)

教科書に出てきた，重要な文法と英語表現を確認しよう。

He named him John after the ship.
〈name＋(人)〜〉(人)を〜と名付ける　　船にちなんで

彼は，船にちなんで彼をジョンと名づけました。

Manjiro was the only person who knew anything about America.
who 以下が the only person を修飾

万次郎は，アメリカについて何でも知っている唯一の人でした。

— 重要表現 —

wreck 〜を難破させる　polite 礼儀正しい　eager 熱心な　miss 〜がいなくて寂しい,〜を逃す
prison ろう獄　question 〜に質問する　hardship 苦難　tackle 〜に取り組む
among other things 他のものの中でも,とりわけ　during all this time この間中ずっと
save enough for 〜 〜に十分なだけ貯金する　get off the ship 船を下りる
was made a samurai サムライになった　more than anything 何よりも

☆チェック！ 　（　）内から適する語を選びなさい。

1
- [ ] (1) You can't force them (to work / worked).　　彼らに働くように強制してはいけません。
- [ ] (2) Please look at the (figure / mark) on page 10.　　10ページの図をご覧ください。
- [ ] (3) A young man's hand (took / caught) my eye.　　若い男の手が私の目を引きました。
- [ ] (4) Speak (on / out) if you have an opinion.　　意見があるならはっきり話しなさい。

2
- [ ] (5) We must (tackle / hold) this problem.　　私たちはこの問題に取り組まなければなりません。
- [ ] (6) Save (full / enough) for the future.　　将来のために十分に貯金しなさい。
- [ ] (7) He was (given / made) the leader of the group.　　彼はその集団のリーダーとなりました。
- [ ] (8) I love books more than (something / anything) else.　　私は何よりも本が好きです。

テスト対策問題

テスト対策 ★ ナビ

♬ **リスニング**

♪ a36

1 対話と質問を聞いて，その答えとして適するものを一つ選び，記号で答えなさい。

(1) ア　She is writing a book.　　イ　She is reading a book her mother bought her.

ウ　She is helping at her mother's bookstore.　　　　　　　　(　　　)

(2) ア　She misses her family and friends in the U.S.　　イ　She feels lonely.

ウ　She doesn't miss her family and friends in the U.S.　　　　(　　　)

2 (1)〜(6)は単語の意味を書きなさい。(7)〜(10)は日本語を英語にしなさい。

(1) escape　（　　　　　　　　）　(2) political　（　　　　　　　　）

(3) relatives　（　　　　　　　　）　(4) hardship　（　　　　　　　　）

(5) polite　（　　　　　　　　）　(6) prison　（　　　　　　　　）

(7) 労働者　＿＿＿＿＿＿＿＿　(8) 会社　＿＿＿＿＿＿＿＿

(9) 教育　＿＿＿＿＿＿＿＿　(10) 勇敢(ゆうかん)に

2　**重要単語**
(1)は動詞。(2)は形容詞であることに注意。(7)は「人」を表す。

🔍よく出る **3** 次の日本文にあうように，＿＿に適する語を書きなさい。

(1) あなたは討論では率直(そっちょく)に意見を言うべきです。

You should ＿＿＿＿＿＿ ＿＿＿＿＿＿ in a discussion.

(2) 私たちはオーストラリアに旅行する予定です。

We are going to ＿＿＿＿＿＿ ＿＿＿＿＿＿ Australia.

(3) その博物館はますます来場者が増えています。

The museum is having ＿＿＿＿＿ and ＿＿＿＿＿ visitors.

(4) 私は祖父の名にちなんで，うちのイヌをビリーと名付けました。

I ＿＿＿＿＿＿ our dog Billy ＿＿＿＿＿＿ my grandfather.

(5) 彼はミーティングの後まっすぐ家に戻りました。

He went ＿＿＿＿＿＿ ＿＿＿＿＿＿ home after the meeting.

(6) ジョンは何よりも読書が好きです。

John loves reading more ＿＿＿＿＿＿ ＿＿＿＿＿＿.

3　**重要表現**
(3)「ますます多くの訪問者を持っている」ということ。

おぼえよう！
名詞と同じ形の動詞
name＝名前をつける
head＝〜へ向かう
hand＝〜を手渡す
face＝〜に直面する

(5)「まっすぐ」という意味の語を使う。

4 次の日本文を英語になおしなさい。

(1) あなたは，真実がはっきりしていないと思うかもしれません。

＿＿＿＿＿＿＿＿＿＿＿＿＿＿＿＿＿＿

(2) 私たちは現実を自分たちの目で見るべきです。

＿＿＿＿＿＿＿＿＿＿＿＿＿＿＿＿＿＿

ミス注意 (3) 彼はその問題(the problem)に取り組んだ唯一の人でした。

＿＿＿＿＿＿＿＿＿＿＿＿＿＿＿＿＿＿

4　**英作文**

ポイント
助動詞の使い方
might　かもしれない
may　かもしれない
should　〜するべき
would　〜だろう
must　〜しなければならない，〜に違いない

テストに出る！

予想問題

Further Reading ③
Free The Children

⏱ 30分

/100点

🎵 **1** 対話と質問を聞いて，その答えとして適するものをすべて選び，記号で答えなさい。

ア　They can buy books about poor countries.　　🎵 a37　〔4点〕

イ　They can play sports with children.

ウ　They can make school buildings.

エ　They can sing songs with children.

オ　They can grow vegetables.　　　　　　　　　（　　　　　　）

🎵 **2** 対話と質問を聞いて，その答えとして適するものを一つ選び，記号で答えなさい。

ア　Their team had more losses than wins.　　🎵 a38　〔4点〕

イ　Their team had more wins than losses.

ウ　The numbers of wins and losses are almost the same.

エ　They had only wins.　　　　　　　　　　　（　　　　）

3 次の日本文にあうように，＿＿に適する語を書きなさい。　　4点×4〔16点〕

(1) 私はその話の一部しか聞いていません。

I've heard only ＿＿＿＿＿＿＿ ＿＿＿＿＿＿＿ the story.

(2) メアリーは5歳のころから数学を習い始めました。

Mary started learning math ＿＿＿＿＿＿ the age ＿＿＿＿＿＿ five.

ミス注意！ (3) 彼は親類といっしょにボランティア集団を結成しました。

He formed a volunteer group ＿＿＿＿＿＿ ＿＿＿＿＿＿ his relatives.

(4) 自分の意見をはっきり言うのはとても大切なことです。

It is a very important thing to ＿＿＿＿＿＿ ＿＿＿＿＿＿ .

よく出る **4** 次の英文を日本語になおしなさい。　　5点×4〔20点〕

(1) The young actor appeared in a popular TV show.

（　　　　　　　　　　　　　　　　　　　　　　　　　）

(2) The story we heard today taught us an important lesson.

（　　　　　　　　　　　　　　　　　　　　　　　　　）

(3) If you have something to say to me, please speak out clearly.

（　　　　　　　　　　　　　　　　　　　　　　　　　）

(4) If you want to improve your English, you must take a small step every day.

（　　　　　　　　　　　　　　　　　　　　　　　　　）

5 次の英文を読んで，あとの問いに答えなさい。　〔計20点〕

①Craig was asked many questions that he could not answer, so he wanted to see child labor with his own eyes. He and Alam Rahman, a young adult (　②　) had relatives in Bangladesh, traveled to Asia for seven weeks. They visited Bangladesh, Thailand, India, Pakistan, and Nepal. ③Craig met and talked with many children 〔 laborers / as / had / forced / who / experience 〕. Some of them came from poor families, and others had no family at all. Every day, they worked (　④　) early morning (　⑤　) late at night and received almost no money. ⑥Craig listened to all their stories and understood (　　　)(　　　)(　　　)(　　　).

(1) 下線部①の英文を日本語になおしなさい。　〈5点〉

(　　　　　　　　　　　　　　　　　　　　　　　　　　　　)

(2) ②の(　)に適する語を書きなさい。　〈2点〉

_____

(3) 下線部③が「クレイグは，強制労働者としての経験のある多くの子どもたちと会って話をしました」という意味になるように〔　〕内の語句を並べかえなさい。　〈5点〉

Craig met and talked with many children _____

_____ .

(4) 空欄④と⑤に適する語を入れなさい。　〈完答3点〉

④_____　⑤_____

(5) 下線部⑥が「クレイグは彼らの話をすべて聞き，FTC がいかに大切かということを理解しました」という意味になるように，(　)に適する語を書きなさい。　〈5点〉

Craig listened to all their stories and understood _____

_____ _____ _____ .

6 〔　〕内の語句を並べかえて，日本文にあう英文を書きなさい。　6点×3〔18点〕

(1) 当社の製品を試すことをお勧めします。We 〔 try / our / invite / products / to / you 〕.

We _____.

(2) 手に入れた新情報を共有してください。Please 〔 the / got / information / share / you 〕.

Please _____.

(3) その図が最終の結果を示しています。　The 〔 shows / the / figure / results / final 〕.

The _____.

7 次の日本文を英語になおしなさい。　9点×2〔18点〕

(1) その見知らぬ人のふるまいが，私の目を引きました。

_____

(2) 多くの場合，年上の人々の意見に耳を傾けるのは良いことです。(listening older people's opinions を使って)

_____

Further Reading ④
John Mung

テストに出る！ 予想問題

⏱ 30分 /100点

1 対話を聞いて，内容に合う絵を選び，記号で答えなさい。　　♪ a39　〔4点〕

ア　イ　ウ　エ

（　　　）

2 対話と質問を聞いて，その答えとして適するものを一つ選び，記号で答えなさい。

ア　Because the dog's grandmother was called Millie.　　♪ a40　〔4点〕

イ　Because Grace's grandmother named the dog after her name Emily.

ウ　Because Grace's grandmother had the nickname Millie.

エ　Because Grace's grandmother has a dog called Millie too.　　（　　　）

3 次の日本文にあうように，＿＿に適する語を書きなさい。　　4点×4〔16点〕

(1) 船は難破し，彼らは漁師に救われました。

The boat ＿＿＿＿＿＿＿ ＿＿＿＿＿＿＿ and they were saved by fishermen.

(2) その国ではすべてのものが私にとって新しかったです。

In the country everything was ＿＿＿＿＿＿＿ ＿＿＿＿＿＿＿ me.

ミス注意！(3) 私がリサに電話をしようとしていたとき，彼女から電話がかかってきました。

I had a call from Lisa when I ＿＿＿＿＿＿＿ ＿＿＿＿＿＿＿ to call her.

(4) それは彼らが到着するほんの2日前でした。

It was ＿＿＿＿＿＿＿ two days ＿＿＿＿＿＿＿ they arrived.

4 次の各組の英文がほぼ同じ内容になるように，＿＿に適する語を書きなさい。 5点×4〔20点〕

よく出る(1) They made him go to school.

They gave him ＿＿＿＿＿＿＿ ＿＿＿＿＿＿＿.

(2) Ted didn't have all the information he needed to use the computer.

Ted didn't have ＿＿＿＿＿＿＿ information ＿＿＿＿＿＿＿ use the computer.

(3) No one talked to me before Bob did.

Bob was the ＿＿＿＿＿＿＿ one ＿＿＿＿＿＿＿ talk to me.

(4) Robert has had a lot of hardships in his life.

Robert's life has been ＿＿＿＿＿＿＿ ＿＿＿＿＿＿＿ hardships.

5 次の英文を読んで，あとの問いに答えなさい。　　　〔計20点〕

The year 1849 was a big year for the "Gold Rush." ①Thousands of people went to California to find gold. ②[chance / miss / didn't / Manjiro / the]. (③) about 70 days, he saved enough for his trip back to Japan.

⑤Manjiro wanted to ( ) ( ) ( ) ( ) Tosa, but he couldn't because ⑥in those days Japan's doors were closed to other countries. Anyone from a foreign country was caught and sent to prison. (④) he got off the ship near Ryukyu in 1851. Still, he was caught and questioned there for seven months.

After one year, he finally went back to his hometown. He was able to see his mother, brothers, and sisters.

(1) 下線部①の英文を日本語になおしなさい。　　　〈5点〉

(　　　　　　　　　　　　　　　　　　　　　　　　　　　　)

(2) 下線部②が「万次郎はその機会を逃しませんでした」という意味になるように，〔 〕内の語を並びかえなさい。　　　〈3点〉

_____.

(3) 空所③と④に適する語を書きなさい。　　　〈2点×2〉

③ _____　④ _____

(4) 下線部⑤が「万次郎はまっすぐ土佐に帰りたかった」という意味になるように( )内に適する語を書きなさい。　　　〈3点〉

Manjiro wanted to _____ _____ _____ _____ Tosa

(5) 下線部⑥の英文を日本語になおしなさい。　　　〈5点〉

(　　　　　　　　　　　　　　　　　　　　　　　　　　　　)

6 〔 〕内の語句を並べかえて，日本文にあう英文を書きなさい。　　6点×3〔18点〕

(1) 彼はそのイヌを一緒に家に連れて帰りました。He [home / him / dog / with / the / took].
He _____.

(2) 船長は，彼に来てほしくありませんでした。The [didn't / captain / him / come / want / to].
The _____.

(3) この間ずっと彼は病気でした。　He [time / sick / during / was / this / all].
He _____.

7 次の日本文を英語になおしなさい。　　6点×3〔18点〕

(1) 彼は医者になることを決してあきらめませんでした。

_____

(2) 彼は2つの国の間の架け橋として働いてきました。

_____

巻末特集　動詞の形の変化をおさえましょう。

※赤字は特に注意しましょう。[　]は発音記号です。

★Ａ・Ｂ・Ｃ型

原形	現在形	過去形	過去分詞	意味
be	am, is / are	was / were	been [bín]	〜である
begin	begin(s)	began	begun	始める
do	do, does	did	done	する
drink	drink(s)	drank	drunk	飲む
eat	eat(s)	ate	eaten	食べる
give	give(s)	gave	given	与える
go	go(es)	went	gone	行く
know	know(s)	knew	known	知っている
see	see(s)	saw	seen	見る
sing	sing(s)	sang	sung	歌う
speak	speak(s)	spoke	spoken	話す
swim	swim(s)	swam	swum	泳ぐ
take	take(s)	took	taken	持っていく
write	write(s)	wrote	written	書く

★Ａ・Ｂ・Ｂ型

原形	現在形	過去形	過去分詞	意味
bring	bring(s)	brought	brought	持ってくる
build	build(s)	built	built	建てる
buy	buy(s)	bought	bought	買う
feel	feel(s)	felt	felt	感じる
find	find(s)	found	found	見つける
get	get(s)	got	got, gotten	得る
have	have, has	had	had	持っている
hear	hear(s)	heard	heard	聞く
keep	keep(s)	kept	kept	保つ
make	make(s)	made	made	作る
say	say(s)	said [sed]	said	言う
stand	stand(s)	stood	stood	立っている
teach	teach(es)	taught	taught	教える
think	think(s)	thought	thought	思う

★Ａ・Ｂ・Ａ型

原形	現在形	過去形	過去分詞	意味
become	become(s)	became	become	〜になる
come	come(s)	came	come	来る
run	run(s)	ran	run	走る

★Ａ・Ａ・Ａ型

原形	現在形	過去形	過去分詞	意味
hurt	hurt(s)	hurt	hurt	傷つける
read	read(s)	read [red]	read [red]	読む
set	set(s)	set	set	準備する

中間・期末の攻略本

解答と解説

取りはずして使えます！

教育出版版　ワンワールド　英語3年

Review Lesson

p.3　テスト対策問題

1 (1)イ　(2)ア

2 (1)機会　(2)〜を発見する

(3)〜をすすめる　(4)料理(法)　(5)自分の

(6)科学者　(7)visit　(8)each

(9)name　(10)tradition

3 (1)where to　(2)made, tired

(3)named her

4 (1)picture was taken by him

(2)want to see mountains

(3)teach how to sing

5 (1)If you have a chance to come to our town, please let me know.

[Please let me know if you have a chance to come to our town.]

(2)I don't know how to buy the[that] ticket.

解説

1 (1)最初のユウタのセリフを正確に聞き取る。

🎵 *A:* Sandy, your smartphone looks cool!

B: Thank you, Yuta! But I don't know how to use it. I only got it yesterday.

Q: What are they talking about?

訳 A：サンディー，きみのスマートフォンかっこいいね！

B：ありがとう，ユウタ！　でも，私これの使い方を知らないの。昨日手に入れたばかりなのよ。

質問：彼らは何について話しているでしょうか？

(2)カレンの最初のひとことを正確に聞き取る。

🎵 *A:* What is your hobby, Karen?

B: My hobby is volleyball. It is

---

interesting to watch volleyball games. What is your hobby, Taro?

A: It's basketball. I'm very happy when I play it!

Q: What does Karen like?

訳 A：きみの趣味は何なの，カレン。

B：私の趣味はバレーボールよ。バレーボールの試合を見るのは面白いわ。あなたの趣味は何なの，タロウ。

A：バスケットボールだよ。バスケットボールをしているときはとても幸せなんだ！

質問：カレンは何が好きですか。

2 (4) cuisine は Japanese cuisine(日本料理)のように「○○料理」または「料理法」を表す。

3 (1)「どこを〜すべきか」は where to 〜で表す。

(2) ⚠️ミス注意! 疲れさせるものが主語なので,「〜させる」という意味の make を用いる。

4 (1)The から始まっているので「その写真」＝the picture が主語になる点に注意。

5 (1)let me know は「知らせてください」という場合の決まった表現。

(2)「〜の仕方」,は, how to 〜で表す。

p.4 〜 p.5　予想問題

1 ウ

2 イ

3 (1)because　(2)where, stay

(3)necessary for　(4)what to

4 (1)that, lived[lives]　(2)was watching

(3)if, hear　(4)It, to　(5)tradition, own

5 (1)more than one hundred years ago

(2)私はうまみが今では英語の言葉だとは知りませんでした。

(3)known to　(4)It was, for me

6 (1)hotel is run by a family

(2)**not safe to swim in this river**

(3)**is a chair for each person**

(4)**a good show to watch with your family**

7 (1)**Can you tell me what to do about this problem?**

(2)**It's good for you to get[wake] up early in the morning.**

(3)**I know the basic story of the[that] book.**

解説

1 買うべきものをしっかり聞き取るのがポイント。

♪ *A:* Mom, I'll go shopping for you, so tell me what to buy.

B: Thank you, Jack. Hmm ... Can you get some eggs, bread and milk?

A: Of course!

Q: What is Jack going to buy?

訳 A：お母さん，買いものに行ってきてあげるから，買うべきものをぼくに教えて。

B：ありがとうジャック。そうねえ…。卵とパンと，牛乳を買ってきてくれるかしら。

A：もちろんだよ！

質問：ジャックは何を買いますか。

2 犬の名前について聞き取ることがポイント。

♪ *A:* What is your dog's name, Kenji?

B: We call him Pumpkin, Jane.

A: That's a funny name! How did you think of it?

B: It was my sister's idea.

Q: What are they talking about?

訳 A：あなたの犬の名前は何ていうの,ケンジ？

B：パンプキンと呼んでいるんだよ,ジェーン。

A：面白い名前ね！　どうやって考えたの？

B：ぼくの妹のアイデアだったんだ。

質問：彼らは何について話していますか。

3 (1) **ミス注意!** so の後は前に出た事柄の結果，because の後は前に出た事柄の理由・原因。

(3) necessary は「必要な」という意味の形容詞。

(4)「昼食に何を食べるか（ということ）」を尋ねているので，what to eat で表す。

4 (1)「お兄さんがアメリカに住んでいること」は〈that＋主語＋動詞〉という文の形で表す。

(4)主語に当たる「面白い映画を見つける」という

内容が文末にあるので,it を主語とした文にする。

5 (2)that 以降を「知らなかった」ということ。

(3)「～に知られている」は known to ～。

(4)「日本料理についてフランスの人から学ぶこと」が主語だが，長いので it を主語にする。

6 (3)1 人の「人」を表す語は person。

(4)〈to＋動詞の原形(to watch)＋with your family〉が，a good show を修飾している。

7 (1)「この問題について何をすべきか」は「何をすべきか」＝what to do と「この問題について」＝about this problem を組み合わせればよい。

Lesson 1 ～ Tips ② for Writing

p.8 ～ p.9　テスト対策問題

1 (1)**イ**　(2)**ウ**

2 (1)**東，東方**　(2)**主人，ホスト**

(3)**(時間が)経つ**　(4)**～をゆでる**

(5)**(食事・飲み物)を出す**

(6)**～の匂いをかぐ**　(7)**climb**

(8)**already**　(9)**add**　(10)**step**

3 (1)**going to**　(2)**feel like**

(3)**translate, into**　(4)**cut up**

(5)**can't wait**　(6)**play**

4 (1)**started**　(2)**watched**　(3)**had**

(4)**heard**　(5)**checked**

5 (1)**I have just come back from**

(2)**climbed to the top**

(3)**ここの灯台をすすめてくれてありがとう！**

(4)**the time to visit**

6 (1)**have, before**　(2)**Have, ever**

7 (1)**Have, before**　(2)**haven't made**

8 (1)**My mother has just finished (her) shopping.**

(2)**Judy has never played the guitar.**

解説

1 (1)最初のセリフを正確に聞き取るのがポイント。

♪ *A:* Have you seen the new movie yet, Jane?

B: Yes, I have.

A: How was it?

B: It was great!

Q: What was great?

訳 A：新しい映画はもう見ましたか，ジェーン。

B：ええ，見ました。

A：どうでしたか。

B：良かったですよ！

質問：何が良かったのですか。

(2)問いが twice（2 度）と尋ねていることに注意。

♪ *A:* I want to visit the museum someday. How about you, Joe?

B: I have visited it once, but I want to visit again. It's a great museum!

Q: Has Joe visited the museum twice?

訳 A：いつかその美術館を訪ねたいわ。あなたはどう，ジョー？

B：ぼくは１度訪ねたことがあるけれど，また行きたいよ。すばらしい美術館なんだ！

質問：ジョーはその美術館を２度訪ねたことがありますか？

2 (5)食べ物や飲み物をテーブルに出すこと。

(8)「完了」を表す現在完了形でよく使われる。

3 (2)like の後には主語＋動詞の形が続く。

(3) ✎ミス注意! translate into の後に翻訳した後の言語が来る。

(4)cut up で「～を切り刻む」という意味。

(5)直訳すると「待つことができない」で，「待ちきれない」という気持ちを表す。

4 (2)have があるので過去分詞にする。

(3)yet は否定文では「まだ」という意味。

(4)yet は疑問文では「もう」という意味。

5 (2)「てっぺん」は the top で表す。

6 ✎ミス注意! (1)肯定文で「以前」を表すのは before。疑問文で用いる(2)の ever「これまでに」と混同しないよう気を付けよう。

(2)ever は主語と過去分詞の間に置くことに注意。

7 (1)経験を尋ねているので現在完了形。「以前に」を表す before は ever とは位置が異なる。

8 (1)「ちょうど～した」は現在完了形と just を使って表す。

(2)「まったく[決して]～ない」は never を用いる。

ポイント
現時点までに完了していることや経験したことは〈have[has]＋過去分詞〉で表す。

p.10 ～ p.11 予想問題

1 エ

---

2 ウ

3 (1)**have climbed, once**

(2)**has already made**

(3)**have been**

4 (1)**was given** (2)**let, ride**

(3)**going, more**

5 (1)**has just come [just has come]**

(2)**have never[not], to**

6 (1)①**done** ③**passed**

(2)**let them simmer for** (3)**another**

(4)**just before**

(5)今までにこんなにいい匂いのものをかいだことがありますか。

7 (1)**you bought a car yet**

(2)**sure you'll like it** (3)**you heard of it**

(4)**until it becomes brown**

8 (1)**Could[Can] you tell me how to get to Hachioji?**

(2)**Take the Keio Linc.**

解説

1 ジャックの答えを聞き取るのがポイント。

♪ *A:* Have you ever played baseball, Jack?

B: No, I haven't. But I've played basketball.

Q: What has Jack played before?

訳 A：野球をしたことがありますか，ジャック。

B：いいえ，ありません。でもバスケットボールをやったことがあります．

質問：ジャックは以前に何をやったことがありますか？

2 アキコが will be able to ～（～できるだろう）と未来形を使って話していることに注意。

♪ *A:* I have a lot of homcwork today, but I haven't finished it yet! Akiko, do you have any homework in your class?

B: Yes, I do. But I don't have a lot, so I will be able to finish it tonight.

Q: Has Akiko finished her homework yet?

訳 A：今日は宿題がたくさんあるけど，まだ終わっていないよ！きみのクラスは宿題があるの，アキコ？

B：ええ，あるわよ。でもたくさんではない

から，今晩に終えられるわ。

質問：アキコはもう宿題を終えましたか？

3 (1)「～したことがある」は経験を表すので，現在完了形の文にする。

(2)「作り終わっている」は現時点で「完了」した状態であることを表すので，現在完了形を用いる。

(3)(1)と同様，「～したことがある」は経験を表す。

4 (1) ミス注意! 父親により自分に与えられた This pen(このペン)が主語になっている点に注意。

(2)〈let＋人＋動詞の原形〉は「人に～させる」という意味を表す。

5 (1)came home just now(今ちょうど家に帰った)とあるので，just を用いた現在完了形で「ちょうど～したところ」とする。

6 (1)いずれも have と共に用いられているので現在完了形の文。

(3)another は「あと～，もう～」。

(5)so good(とてもいい)が anything を後ろから修飾する。

7 (1) ミス注意! 疑問文なので yet(もう)が最後につくことに注意。

(3)「～について耳にする」は，hear of～。

(4)「茶色くなる」は become brown で表す。

8 (1)「～への行き方」は **how to get to～**で表す。

Lesson 2 ～ Tips ③ for Reading

p.14 ～ p.15　テスト対策問題

1 (1)ウ (2)ア

2 (1)危険 (2)～を殺す (3)100年間 (4)～に反対して (5)～を狩る (6)活動 (7)shock (8)human (9)meat (10)protect

3 (1)People say (2)What happened (3)because of (4)As, result (5)to read (6)fly over

4 (1)known (2)loved (3)seen (4)lived (5)had

5 (1)私は北海道のワシについて話すつもりです。 (2)has lived in Hokkaido (3)How, long (4)for

6 (1)should be (2)should, finished (3)must, kept

7 (1)**haven't been** (2)**hasn't known**

8 (1)**How long have you studied〔been studying〕English?** (2)**He's〔He has〕loved〔liked〕writing stories since he was little.**

解説

1 (1)「何年か」を聞き取ることがポイント。

A: Have you been in Japan for three years, Jane?

B: No. I've lived here for two years.

Q: How long has Jane lived in Japan?

訳 A：日本には3年間住んでいるのですか，ジェーン。

B：いいえ。ここには2年間住んでいます。

質問：ジェーンは日本にどのくらい住んでいますか。

(2)誰が何をやっていたか聞き取ることがポイント。

A: Have you been watching TV, John?

B: No. I have been listening to the radio. How about you, Meg?

A: I have been reading a book.

Q: Has John been watching TV?

訳 A：テレビをずっと見ているの，ジョン？

B：いや。ラジオを聞いているんだ。きみはどう，メグ？

A：私はずっと本を読んでいるの。

質問：ジョンはずっとテレビを見ていますか。

2 (3)century は「100年間＝世紀」ということで，for centuries は「何百年も＝何世紀も」。

3 (1)people は複数扱いなので, say に s は不要。

(2)「何が起こったの」という言い方で，「どうしたの」という意味になる。

(5)**books to read** で「読むべき本」という意味。

4 ミス注意! (1)～(4)は状態を表す動詞なので進行形にしなくてもよい。(3)see の過去分詞は seen となることに注意。

(5)持っているという状態を表す動詞。

5 (1)**be going to ～**は「～するつもり」を表す。

(3)継続的にやってきたことを尋ねるときに使う。what にしないよう注意。

(4)「約60年間そこに住んでいる」という意味。

6 ミス注意! (1)(2)の should は「～するべき[したほうがよい]」ということを表す。

7 (1)have beenの否定形は**have not〔haven't〕been**となる。

(2)否定文は「彼女はそれについてあまり知って こなかった」ということ。

8 (1)現在完了形でも，現在完了進行形でもよい。

(2)**has loved〔liked〕**で「(ずっと)好き」と表す。

ポイント

「ずっと～してきた」と続いている動作は 〈have〔has〕been＋動詞の -ing 形〉。

p.16 ～ p.17 予想問題

1 エ

2 ウ

3 (1)**has been, for** (2)**have been**

4 (1)**die from** (2)**fly over**

(3)**to watch〔see〕** (4)**against**

5 (1)**been, for, because**

(2)**be, should〔must〕** (3)**been, that you**

6 (1)**Many are killed**

(2)**die from electrical shocks**

(3)③**to** ④**from**

(4)**used** (5)**has been working**

(6)彼は，野生動物は野生に戻るべきだと考 えています。

7 (1)**should not be hunted with**

(2)**is studying to be a doctor**

(3)**are many things to improve**

8 (1)**I have been looking for my notebook since this morning.**

(2)**Finally, the use of plastic was banned in that〔the〕country.**

(3)**I have to choose clothes to wear for a〔the〕party.**

解説

1 スーが何をしていると言っているか聞き取る。

♪ *A:* Sue, you look very tired. Have you been running?

B: No, I've been working for four hours. I'm writing a report about protecting wildlife.

Q: What has Sue been doing?

訳 A：スー，とても疲れているみたいだね。ず っと走っているの？

B：いいえ，4 時間ずっと仕事をしているの。

野生動物の保護に関するレポートを書い ているのよ。

質問：スーはずっと何をしていますか。

2 番組は 1 時間で，あと 10 分したらその番組 が終わるとリズが言っているので，ジョーは 50 分間その番組を見ていたことになる。

♪ *A:* Is that TV show interesting, Joe?

B: Yes, it's very interesting, Liz. But it will end at two o'clock because it's a one-hour program.

A: I see. There is only ten minutes before it ends then.

Q: Has Joe been watching the TV show for one hour?

訳 A：そのテレビ番組は面白い，ジョー？

B：うん，とても面白いよ，リズ。でもこれ， 1 時間の番組だから 2 時に終わるよ。

A：なるほど。では終わるまで 10 分しかな いのね。

質問：ジョーはそのテレビ番組を 1 時間見て いますか。

3 (1)メアリーは 1 年前に入学し現在も一緒に勉 強しているので，**has been a student**(ずっ と生徒である)という現在完了の文になる。

(2)「10 年前に会って今も友達」なので，have been friends(ずっと友達でいる)ことになる。David and Helen が主語なので，has ではなく have。

4 (1)die from～は，from の後に死の原因とな ることを入れる。

(3)「～するために」という意味の to 不定詞。

(4)against は「～に反対して」。

5 (1)**have you ～ using**とあるので，現在完了 進行形だと分かる。期間の長さを表す語は for ～。

(2) **ミス注意！** 助動詞の受け身の形。**must be used** で「使われなければならない」。we should do so は「私たちはそうするべきである」。

(3)**have ～ writing**とあるので，現在完了進 行形だと分かる。

6 (3)③ try to rest は「休もうとする」, tools to protect は「保護するための道具」。

④ protect birds from the electricity は「鳥を 電気から保護する」，cure birds from their injuries は「鳥をけがから治す」。

(5)「ずっと～してきた」を表すのは**現在完了進行形**〈**have[has] been**＋動詞の **-ing** 形〉の形。

7 (1)主語が foxes なので受け身形にする。
(2)「～するために」は〈**to**＋動詞の原形〉。
(3)「～するべき…」は〈名詞＋**to**＋動詞の原形〉。

8 (1)「探す」は look for。「今朝からずっと」なので，have been looking for とする。
(2)「禁止される」は be banned。
(3)「着る服」は「着るための服」ということ。

Lesson 3 ～ Project ①

p.20 ～ p.21　テスト対策問題

1 (1)ア　(2)イ
2 (1)～を忘れる　(2)～に連絡する　(3)文化
(4)いろいろな　(5)～にわたって
(6)インタビューをする　(7)kilogram
(8)international　(9)group　(10)march
3 (1)up to　(2)Thousands of
(3)marching down　(4)right now
(5)to sleep　(6)will，like
4 (1)crying　(2)staying　(3)used
(4)recommended　(5)watched
5 (1)bring it to you
(2)Sky-Fly は 15 キログラムまで運ぶことができます。
(3)per　(4)try
6 (1)you like　(2)I took　(3)I found
7 (1)Look at　(2)How
8 (1)Kenji knew the girl sitting on the bench.
(2)I liked the movie I watched[saw] yesterday.

解説

1 (1)the lady carrying a big bag(大きなカバンを持っている女性)が Mrs. Johnson(ジョンソンさん)であることを聞き取る。
　♪ *A:* Kana, can you see the lady carrying a big bag?
　B: Yes, I can. That's Mrs. Johnson.
　Q: What is Mrs. Johnson carrying?
　訳 A：大きなバッグを運んでいる女性が見えますか，カナ。

　B：はい，見えます。あれはジョンソンさんです。
　質問：ジョンソンさんは何を運んでいますか。
(2)駅の外で会って図書館に連れて行ってもらったことを聞き取る。
　♪ *A:* I wanted to visit the library built last year but couldn't find it at first.
　B: How did you find it, Sam?
　A: I asked an old man I saw outside the station. He knew how to get to the library and took me there.
　Q: Where did Sam meet the old man?
　訳 A：去年できた図書館を訪ねたかったのだけど，最初は見つけられなかったんだ。
　　 B：どうやって見つけたの，サム？
　　 A：駅の外で見かけたおじいさんに聞いたんだ。彼は図書館の行き方を知っていて，ぼくをそこへ連れて行ってくれたんだ。
　　 質問：サムはどこでおじいさんに会いましたか。

2 (5)across the Pacific Rim(環太平洋地域にわたって)のように使う。

3 (1)up to ～で「～まで」という意味。
(3)march down＋「通り(名)」で「(通りを)行進する」となる。(5)〈to＋動詞の原形〉で「～すること」。

4 (2)staying until Sunday(日曜日まで滞在する)が visitors(訪問者)を説明している。
(4)recommended by my friends(友人にすすめられた)が castle を説明している。
(5)ミス注意! we watched(私たちが見た)が TV show を説明する。look はふつう look at ～(～を見る)，look for～(～を探す)のように使う。

5 (1)to you(あなたのところへ)と表す。
(3)per ～は「～につき」で per hour なら「1時間につき」。

6 (1)「あなたが一番好きな」が「色」の説明。
(2)「昨日私が撮った」が「写真」の説明。
(3)「その新しい店で(私が)見つけた」が「靴」の説明。

7 (1)命令形の文で，動詞の原形から始まる。

8 (1)「ベンチに座っている」が「その少女」を説明している。
(2)「(私が)昨日見た」が「映画」の説明。

p.22 ～ p.23　予想問題

1　イ

2　エ

3　(1)flying　(2)performed　(3)protected

4　(1)Pick up　(2)need, made
　(3)through　(4)more than

5　(1)Could[Can]
　(2)going, do　(3)to, sale

6　(1)a festival anyone can join
　(2)across
　(3)彼女はここで演奏することができてわくわくした気分だと言いました。
　(4)④costumes　⑤music
　(5)Let's enjoy

7　(1)cake I bought today is delicious
　(2)is a letter written by the king
　(3)ordered goods will be delivered today

8　(1)The news you heard today is true.
　(2)There are thousands of people we must[should] help.

解説

1　最初のセリフで「いつ」「何をしたか」を聞き取ることがポイント。
♪ *A:* Did you enjoy the garden you visited on Sunday, Sally?
　B: Yes, I did. It was big and beautiful!
　Q: Where did Sally go on Sunday?

訳 A：日曜日に訪ねた庭を楽しみましたか，サリー？
　B：はい，楽しみました。大きくて美しかったです！
　質問：サリーは日曜日にどこに行きましたか。

2　ボブの My sister is〜 というセリフに注意。
♪ *A:* Is the little girl having ice cream your sister, Bob?
　B: No, Kate, she is not my sister. My sister is the girl playing soccer with her friends.
　A: Oh, that girl is your sister!
　Q: What is Bob's sister doing?

訳 A：アイスクリームを食べている幼い女の子はあなたの妹さんなの，ボブ？
　B：いや，ケイト，彼女はぼくの妹ではない。ぼくの妹は友達とサッカーをしている女の子だよ。
　A：ああ，あの女の子があなたの妹さんなのね！
　質問：ボブの妹は何をしていますか。

3　(1) **ミス注意!**「そこで」を表す there があるので，名詞の後から修飾する。
　(2)音楽は「演奏される」ので，過去分詞を使う。
　(3)パンダは「保護される」ので，過去分詞を使う。

4　(1)pick up で「取ってくる」という意味の一まとまりの語句になる。
　(2)日本語では「作った」となるが，衣装は「作られる」ものなので過去分詞を用いる。
　(3)through の後には名詞か動詞の -ing 形がくる。

5　(1)Could[Can] you 〜? は，人にお願いする表現。No problem. は「問題ありません」と引き受けるための言い方。
　(2)「あなたは今晩宿題をするつもりですか」と尋ねている。
　(3)easy to use は「使うのがやさしい」すなわち「使いやすい」，on sale は「セール中の」。

6　(1)anyone can join が festival を説明。
　(3)〈feel＋気持ちなどを表す形容詞〉で「〜と感じる」という意味になる。
　(4)〈主語＋動詞〜〉のすぐ前にある名詞に注目する。

7　(1)「(私が)今日買った」が「ケーキ」の説明。
　(2)「その王様によって書かれた」と表現する。
　(3)「今日届く」は「今日届けられる」と考える。

8　(1)「あなたが今日聞いた」が「知らせ」の説明。
　(2)「助けなければならない」は，must help または should help。

Reading ①

p.25　テスト対策問題

1　(1)ア　(2)イ

2　(1)女優　(2)安全な　(3)暖炉（だんろ）
　(4)〜を発見する　(5)戦争中の　(6)感銘（かんめい）
　(7)hunger　(8)army　(9)bloom
　(10)medicine

3 (1)**left me** (2)**took over**

(3)**one, cities** (4)**Working, is**

(5)**what, means** (6)**Not, also**

4 (1)**has left the team**

(2)**spent time with Tom**

(3)**very cold because of snow**

解説

1 (1)誰の親がどんな仕事をしているのか聞き取るのがポイント。

♪ *A:* What does your father do, Noriko?

B: He works as a researcher for a company, and my mother is a math teacher. How about your parents, Jack?

A: My father is a doctor, and my mother works as a piano teacher.

Q: Who works as a math teacher?

訳 A：あなたのお父さんは何をされていますか, ノリコ。

B：父は会社で研究者として働いていて，母は数学の先生です。あなたのご両親はどうですか, ジャック。

A：私の父は医者で，母はピアノ教師として働いています。

質問：誰が数学の教師として働いていますか。

(2)ユウジが last night（昨晩）宿題をすることができなかった理由を聞き取る。

♪ *A:* Have you finished the math homework, Yuji?

B: No, I haven't. I couldn't do it last night because of the power outage. I couldn't do anything, so I went to bed early.

A: I see. I hope you will be able to finish it tonight.

Q: Why couldn't Yuji finish the homework?

訳 A：数学の宿題は終わったの, ユウジ。

B：いいや, 終わっていないよ。停電が原因で昨晩は宿題をすることができなかったんだ。何もできなかったから, 早く寝ちゃった。

A：なるほど。今晩宿題を終わらせることができるといいね。

質問：ユウジはなぜ宿題を終わらせることが

できなかったのですか。

2 (7) hungry だと「空腹な」という形容詞。

(9)日本語の「開花する」と同様，才能を発揮し始めること。

3 (1) leave me a letter で「私に手紙を残す」。

(2) take over ～で「～を支配する」。

(3) one of ～は「～の1つ」。of の後の名詞を複数形にする点に注意。

(4) ミス注意！ 動詞の -ing 形が主語のとき，単数形の動詞を使う。

(5) 〈what ～ mean to ...〉で「～が…にとって何を意味するか」。

4 (1) **has** があるので現在完了の文にする。

(2) spend time with～は「～と時間を過ごす」。

(3) because of の後に名詞（句）がくる。

ポイント

現在完了は〈have [has] ＋過去分詞〉で表すことができる。

p.26 ～ p.27　予想問題

1 ウ

2 エ

3 (1)**including** (2)**took, to**

(3)**no meaning** (4)**devotion to**

4 (1)**more than** (2)**big hit** (3)**of, as**

5 (1)**died of hunger and the cold**

(2)**suffered from** (3)**food**

(4)**戦後，ヘプバーンの才能は開花し始めました。**

(5)⑤**discovered** ⑥**cast**

6 (1)**is one of the team members**

(2)**as much information as you can**

(3)**want to give hope to children**

7 (1)**He felt (that) working for poor people was his mission.**

(2)**I didn't understand what my opinion meant to them.**

解説

1 「誰が」将来「何になりたい」と言っているか聞き取ることがポイント。

♪ *A:* What do you want to be when you grow up, Liz?

B: I have a dream of becoming a famous pianist. I've been learning the piano since I was little. How about you, Keiko?

A: I like playing tennis and playing the guitar, but I don't know what I want to be yet.

Q: What does Liz want to be in the future?

訳 A：あなたは大人になったら何になりたいの，リズ。

　B：私には有名なピアニストになるという夢があるの。小さいときからずっとピアノを習っているの。あなたはどう，ケイコ。

　A：私はテニスをすることとギターを弾くことが好きだけど，何になりたいのかはまだ分からないわ。

質問：リズは将来何になりたいのですか。

② 歌が上手な理由として，サトミが何と言っているかを聞き取る。

♪*A:* You are a very good singer. Why are you so good at singing, Satomi?

B: Well, it's not just because of my hard work but also because of my great singing teacher.

A: I see! Those are both very important, aren't they?

Q: Why is Satomi good at singing?

訳 A：あなたは歌がとても上手だね。あなたはなぜそんなに歌が得意なの，サトミ。

　B：それはね，私の一生懸命な練習だけではなく，私のすばらしい歌の先生が理由でもあるのよ。

　A：なるほど！　それらはどちらもとても大切だね。

質問：サトミはなぜ歌が得意なのですか。

③ (1)including は include（〜を含む）の ing 形。

(2)take 〜 to ... は「〜を…に連れて行く」。

(3) ✍ミス注意! 空所の前が there isn't ではなく there is である点に注意。

④ (3)〈because＋主語＋動詞〉は，〈**because of ＋名詞**〉で言いかえられる。

⑤ (1)die of 〜は「〜で死ぬ」。

(2)suffer from 〜は「〜に苦しむ」。

(3)「チューリップの球根さえ食べた」とあるので，There was no（全くなかった）のは food（食

べ物）ということになる。

(5) cast（〜に役を割り当てる）は，過去形・過去分詞も同じ形。

⑥ (2)〈as much 〜 as＋主語＋can〉で，「できるだけ多くの〜」となる。

(3)〈give 〜 to ...〉で「…に〜を与える」。

⑦ (1)「〜のために働くこと」は working for〜。

(2)「自分の意見が（彼らにとって）何を意味したのか」を what my opinion meant（to them）とする。

Lesson 4 〜 Tips ④ for Writing

p.30〜p.31　テスト対策問題

1 (1)ウ　(2)イ

2 (1)陸上競技　(2)軽く飛ぶ

(3)(〜を)元気づける　(4)女性の　(5)公式な

(6)運動選手　(7)**university**　(8)**record**

(9)**injured**　(10)**victory**

3 (1)**have，look**　(2)**According to**

(3)**concentrate on**　(4)**does，mean**

(5)**At，time**　(6)**sounds like**

4 (1)メグは私にそのニュースのことを教えてくれた少女です。

(2)10 分前にここに来た男性を見ましたか。

(3)展示を見たい人はチケットを買う必要があります。

5 (1)私は彼のことを耳にした[聞いた]ことがありません。

(2)**who won a gold medal**

(3)**was called**　(4)**triple jump**

6 (1)**which[that]，gave**

(2)**museum，which[that]**

(3)**which[that]，bought**

7 (1)**which looked**　(2)**who，playing**

8 (1)**I remember the[that] story which [that] my grandmother told me when I was little.**

(2)**He spoke to a lady[woman] who[that] was reading a book.**

解説

1 (1)「誰が」「何をしているか」，特に名前を正確に聞き取ることがポイント。

♪*A:* Do you know that lady who is reading

a magazine, Bill?

B: Yes, that's my older sister, Judy.

Q: Is Judy reading a newspaper?

訳 A：雑誌を読んでいるあの女性を知っていますか，ビル。

　B：はい，彼女は僕の姉のジュディーです。

　質問：ジュディーは新聞を読んでいますか。

(2)本屋がある場所と，「マンガがあるかどうか」を正確に聞き取ること。

♪ *A:* Is there a bookstore around here, Pat?

B: Yes, there is a bookstore which I like near the station. It has many books.

A: Do they have comic books?

B: No, they don't, but there is a bookstore near my house which has comic books.

Q: Is the bookstore that has comic books near the station?

訳 A：このへんに本屋はあるかしら，パット？

　B：うん，ぼくが気に入っている本屋が駅の近くにあるよ。たくさん本があるんだ。

　A：その本屋，マンガはある？

　B：いや，ないけど，ぼくの家の近くにマンガを置いている本屋があるよ。

　質問：マンガを置いている本屋は駅の近くですか。

2 (3) cheer up ～で「～を元気づける」。

3 (2) according to ～は「～によれば」。

(3) concentrate on ～は「～に集中する」。

(6) sound like～は「～ようだ」。主語が it なので sounds と s がつくことに注意。

4 (1) who 以下が，すぐ前の the girl を説明する。

(2) ⚠️ミス注意! who から ten minutes ago までが，すぐ前の the man を説明する。

(3) who から exhibition までが，すぐ前の people を説明する。

5 (1)現在完了形なので「～したことがない」となることに注意。

(2)関係代名詞の who が athlete のすぐ後にくる。

(4) ⚠️ミス注意! At the time から後が the triple jump を説明。Hop, step, and jump を，彼が *sandantobi*（＝triple jump）と呼び始めた。

6 (1)(2)(3) card, museum, map は「もの」なので which か that を使う。

7 (1)「私はおいしそうに見えるケーキを買いました」。cake は「もの」なので which を使う。

(2)「おもちゃで遊んでいる少女は私の妹［姉］です」。girl は「人」なので who を使う。

8 (1)「その物語」は the[that] story で，which [that] my grandmother told me と説明。

(2)「女性」は a lady で，who[that] was reading a book と説明する。過去進行形にすることに注意。

ポイント
「人」を説明するときは who か that，「もの」を説明するときは which か that を使う。

p.32 ～ p.33　予想問題

1 イ

2 ア

3 (1)Let, help　(2)only[just], also

(3)That's terrific[great / wonderful]

4 (1)My friends who live in Australia visited me last year.

(2)The soup which[that] my mother made was delicious.

(3)The bus which[that] goes to my town is coming soon.

5 (1)This castle was visited by many people from the world.

(2)My brother didn't like the cherry pie which I made yesterday.

6 (1)彼女は多くの記録を破ってきました。

(2)when she was 14

(3)has been studying

(4)English is a tool that I need

(5)for[For]（最初は For になるのでどちらでも可）

7 (1)is the letter which she sent me

(2)likes the book which I gave

(3)is a house that has five rooms

8 (1)Can[Could] you show me the new clothes which[that] you bought yesterday?

(2)Have you heard of the accident which[that] happened here?

解説

1 brother（弟）が 2 人出てくるが，どちらの弟

が「何をしているか」を聞き取るのがポイント。

♪ *A:* Helen, is the boy who is having a sandwich your brother?

B: No, he isn't. He is Tom's brother. My brother is drinking juice.

Q: What is Tom's brother doing?

訳 A：ヘレン，サンドイッチを食べている少年はあなたの弟さんですか。

B：いいえ，違います。彼はトムの弟です。私の弟はジュースを飲んでいます。

質問：トムの弟は何をしていますか。

2 red T-shirt(赤いTシャツ)，green T-shirt(緑のTシャツ)について，登場人物がどのように思っているか聞き取る。

♪ *A:* Look, Ken. I think I'm going to buy this red T-shirt for Rob.

B: Hmm, but the color that he likes is green. How about buying a green one, Meg?

A: But I think he already has a green T-shirt. So, I'll buy this one for him.

Q: What is Meg going to buy for Rob?

訳 A：見て，ケン。私この赤いTシャツをロブに買ってあげようと思うわ。

B：うーん，でも彼の好きな色はグリーンだよ。グリーンのを買ったらどう，メグ？

A：でも，グリーンのTシャツはもう持っていると思うわ。だから，彼にこれを買うの。

質問：メグはロブに何を買うつもりですか。

3 (1) ⚡ミス注意！「～に…させる」は〈let ～＋動詞の原形〉で表す。

(2) ⚡ミス注意！「～だけではなく…も」は not only [just] ～ but also ...で表す。語順に注意しよう。

4 (1) my friends と複数形なので，who live in と動詞に s がつかないことに注意。

(2) soup は「もの」なので which か that を使う。

(3) which[that] goes to my town が bus と is の間に入る。

5 (1) ⚡ミス注意！ this castle(この城)を主語にして，was visited と受け身の過去形にする。

(2) didn't like it の it が cherry pie なので，which[that]を使ってこれを説明する。

6 (1)現在完了形なので，「破りました」ではなく「破ってきました」。

(2) **at the age of ～** は〈when＋(主語)＋～ (years old)〉と同じ。

(3)過去から現在にいたるまで「ずっとやり続けてきた」ことなので，現在完了進行形を用いる。

(4) that I need(私が必要とする)が，tool(道具)を説明している。

7 (1) which she sent me が the letter を説明している。

(2) which I gave him が the book を説明している。

(3) that has five rooms が a house を説明している。

8 (1) which[that] you bought yesterday が new clothes を説明している。

(2) which happened here が accident を説明している。「聞いていますか」とあるので，現在完了形。

Lesson 5 ～ Tips ⑥ for Writing

p.36 ～ p.37 テスト対策問題

1 (1)ア (2)イ

2 (1)落ち込んだ (2)助言 (3)～を強く望む (4)意見を異にする (5)優先事項(じこう) (6)怖がって，恐れて (7)reason (8)education (9)own (10)fight

3 (1)**What's wrong** (2)**bad at** (3)**do I** (4)**have, fight** (5)**would, were** (6)**famous, for**

4 (1)**were[was]** (2)**could** (3)**would** (4)**worked** (5)**were**

5 (1)**were[was]** (2)**do many things better than** (3)**having** (4)彼はぼくもそこへ行くべきだと考えています。

6 (1)**wish I could help you** (2)**go to the party if she wasn't sick** (3)**bought the car, I would lose**

7 (1) **I wish I could write emails in French.** (2) **If I didn't have homework, I would watch the TV show.** [**I would watch the TV show if I**

didn't have homework.]

(3) **If I knew his address, I would write a letter to him.**

[**I would write a letter to him if I knew his address.**]

解説

1 (1)ケーキについてのアンのセリフを聞き取る。

♪ *A:* Anne, are you going to make a cake for the party?

B: If I made a cake, no one would want to eat it.

Q: Is Anne going to make a cake?

訳 A：アン，パーティーのためのケーキをつくるつもりですか。

B：もし私がケーキを作ったら，誰もそれを食べたがらないわ。

質問：アンはケーキを作るつもりですか。

(2)母親のセリフに注意。実現する可能性がないことを述べている。

♪ *A:* Mom, I want the new computer game.

B: Tom, if you got it, you wouldn't do your homework.

A: I wish I could have a lot of money ...

Q: Is Tom going to get the computer game?

訳 A：お母さん，ぼくあの新しいコンピューターゲームが欲しいんだ。

B：トム，あなたがそれを手に入れたら，あなたは宿題をやらないでしょう。

A：ぼくにたくさんお金があったらなあ。

質問：トムはコンピューターゲームを手に入れるでしょうか。

2 (4) agree だと「賛成する」という意味になる。

3 (1)この wrong は「調子が悪い」といった意味。

(2)「～が苦手である」は，be bad at ～。

(3) You have～と言われたら，動詞 do を使って Do I と返事をする。

(5)事実とは異なることなので，動詞の過去形や would を使う。

4 (1) ミス注意！ if の部分がうしろに来ている例。wouldn't do は「～しないだろうになあ」。

5 (2) better は「より良い」または「より良く（上手に）」。

(3)「兄や姉を持つこと」が主語となる点に注意。

6 (1) **I wish I could ～**（私が～できたらなあ）の文の形。

(2) could は「～できるのに」と残念がる気持ちを表す。

(3) If I bought the car で，「もしその車を買ったとしたら（実際には買わない）」。

7 (1) I wish I could write で「書けたらなあ」。

(2) **If I didn't have** で「もし～がなければ」。

(3) If I knew his address で「もし彼の住所を知っていたら」。

仮定を表す文は〈if＋主語＋動詞の過去形，主語＋would［could］〉，または〈I wish I were［could］〉の形で表すことができる。

p.38～p.39 予想問題

1 ウ

2 エ

3 (1) **What kind** (2) **doesn't, any**

(3) **like to** (4) **afraid to** (5) **mean, to**

4 (1) **wish, could**

(2) **were［was］, at, could** (3) **had, could**

(4) **could［would］, agreed**

5 (1) **of studying as your top priority**

(2) **but**

(3) **that［which］has a good baseball team**

(4) 自分も他の人たちと同じだといいのに。

(5) **ウ** (6) **wished, were**

6 (1) **would go shopping if I were free**

(2) **wish I could sing like him**

7 (1) **If it were［was］sunny, I would go to the beach with my friends.**

(2) **I want to be someone who is the best at sports.**

解説

1 スーのセリフから，明日の予定を聞き取る。

♪ *A:* What are you going to do tomorrow, Sue?

B: If I didn't have a lot of homework, I would go shopping, but I can't. Tomorrow I have to stay home.

Q: What is Sue going to do tomorrow?

訳 A：明日は何をするつもり，スー？

B：宿題がたくさんなければ買い物に行くと

ころだけど，行けないわ。明日は家にい
ないと。

質問：明日スーは何をするつもりですか。

2 アンの I wish I had it, という仮定を表す答
えに注意。

♪ *A:* Anne, do you know Jack's phone
number? I need to call him.

B: I wish I had it, sorry, Tom. I think
Emma might have his number. Why
don't you ask her?

A: That's a good idea! They are good
friends, so I'm sure she knows it.

Q: Does Anne know Jack's phone
number?

訳 A：アン，ジャックの電話番号を知ってい
る？彼に電話をかける必要があるんだ。

B：あるといいのだけど，ごめんね，トム。
エマが彼の番号を持っていると思うわ。
彼女に聞いてみたら？

A：それはいい考えだ！　彼らは仲がいいか
ら，きっと彼女が知っているね。

質問：アンはジャックの電話番号を知ってい
ますか。

3 (1) ✍ミス注意！「どんな種類の〜」は**what kind
of 〜**。which や how にしないよう注意。

(2)any は否定で「何も〜ない」という意味になる。

(3)I'd は I would の略で, would like to 〜は「〜
したい」という言い方。

(4)〈**be afraid to＋動詞**〉は，「〜することを恐
れる」。〈**be afraid of＋名詞[動詞の -ing 形]**〉
だと，「〜を恐れる」。

4 (2)**If I were[was]〜，I could** という仮定
を表す文。be good at 〜は「〜が得意」。

(3)**If I had 〜**は「もし〜があったら」。

(4)her parents don't agree（両親が賛成しない）
から留学できない。つまり，if her parents
agreed（もし賛成すれば）留学できるというこ
とになる。

5 (1)**think of 〜 as ...**は「〜を…と考える」。
top priority は「最優先事項」。

(3)that[which] has a good baseball team が
a high school を説明している。

(4)**I wish I were 〜**は「〜だったらいいのに」。

(5)I disagree.（私は反対です）とあるので，前
にある I wish I were the same as other people.
と反対の内容が入る。

(6)When I started junior high school（中学を
始めたとき）と過去のことを話しているので，
wished と過去形になる。

6 (1)**I would〜 if I were ...**（…だったら〜な
のになあ）という仮定を表す文。

(2)**I wish I could 〜**（〜できたらなあ）という
仮定。

7 (1)**If it was[were]〜，I would ...**（もし〜
だったら，…なのになあ）という仮定を表す。

(2)関係代名詞 who の文。the best at 〜は「〜
で一番の」。

Lesson 6 〜 Project ②

p.41　テスト対策問題

1 (1)ウ　(2)ア

2 (1)討議，討論　(2)健康　(3)妻　(4)政府
(5)労働　(6)一般的な（いっぱん）　(7)related
(8)researcher　(9)half　(10)cooperate

3 (1)both, and　(2)get[go] home
(3)other day　(4)got married
(5)at most　(6)Most, up

4 (1)How about　(2)it[that] true
(3)need, agree

解説

1 (1)誰が誰に賛成なのかを聞き取る。

♪ *A:* I think Jane's idea is the best. How
about you, Ben?

B: Karen, I don't agree with you. In my
opinion, Jack's idea is better.

Q: Who agrees with Jack?

訳 A：私はジェーンの考えが最もよいと思いま
す。あなたはどうですか，ベン。

B：カレン，ぼくはきみに賛成ではないよ。
ぼくの意見では，ジャックの考えの方が
優れているよ。

質問：誰がジャックに賛成ですか。

(2)映画を見た人が，それぞれどんな意見を持っ
ているか聞き取る。

♪ *A:* Yoko, have you watched the new

13

movie yet? John said he liked it.

B: Yes, I have, but I didn't enjoy it much.

A: You didn't like it? It may not be so interesting then ...

B: Well, but many people like it. People have different opinions, so you may like it.

Q: Do John and Yoko have the same opinion about the new movie?

訳 A：ヨウコ，新しい映画をもう見た？　ジョンは気に入っていると言っていたよ。

B：ええ，見たけれど，私はあまり楽しめなかったわ。

A：気に入らなかったの？　それなら，あまり面白くないのかもしれないね…。

B：あの，でも，多くの人が気に入っているわ。人は様々な意見を持っているから，あなたは気に入るかもしれないわよ。

質問：ジョンとヨウコは新しい映画について同じ意見を持っていますか。

2 (1)動詞 discuss は「～について話し合う」。

(6) **is common for ～**（～にとって一般的だ）のように使われる。

(7) **is related to ～**（～に関係している）のように使われる。

3 (2)「着く，到達する」という意味の get と「家に」という意味の home を使う。

(5) at most は「多くて（も）」と上限を表す。

4 (2) ꙮミス注意! true は「真実の，本当の」。real「実在の，本物の」と混同しないように注意しよう。

・ポイント・
agree（賛成する），disagree（反対する）といった自分の考えを言う表現をおぼえること。

p.42～p.43　予想問題

1 エ

2 エ

3 (1)**any reasons to disagree**

(2)**After getting married**

(3)**Spending time for**

4 (1)**Why, why not**

(2)**see[understand] what**　(3)**let, check**

5 (1)**turn, Got**　(2)**care, with[for]**

(3)**at, right**

6 (1)**As you know**　(2)**to**

(3)**a few minutes to talk about**

(4)あなたたちは皆，私たちは働かなければならないと思いますか。

(5)**work**

7 (1)**want you to read this book**

(2)**feels like he is working for**

(3)**don't disagree with your opinion**

8 (1)**Let's talk about[discuss] the reason to study English.**

(2)**I know how important it is to have good friends.**

・解説・

1 メアリーが週末にすることを聞き取る。

♪ *A:* I think everyone should do volunteer work on weekends. What do you think, Mary?

B: But Tom, although I know volunteer work is important, I have to do my homework every weekend.

A: I see. But at least you know volunteer work is important. That's good!

Q: What does Mary do on weekends?

訳 A：週末にはみんながボランティアの仕事をするべきだと思う。きみはどう思う，メアリー？

B：でも，トム，ボランティアの仕事が大切なのは知っているけれど，私は毎週末宿題をしないといけないのよ。

A：なるほど。でも少なくともきみはボランティアの仕事が大切なことを知っている。それはよいことだ！

質問：メアリーは週末に何をしますか。

2 recommend（勧める）とあるので，How about ～?(～はどうですか)の部分を聞き取る。

♪ *A:* I wish I could improve my English.

B: How about studying English abroad, Ken? For example, Kazuo went to Canada to learn English. He says his English improved a lot while he was there.

A: That sounds great, Meg! I think I'll ask my parents.

Q: What did Meg recommend to Ken?

訳 A：もっと英語が上手になれるといいのだけど。

B：海外で英語を勉強してはどう，ケン。例えば，カズオは英語を勉強するためカナダに行ったよ。そこにいる間とても英語が上手になったそうよ。

A：それはとても良さそうだね，メグ！ 両親に聞いてみようと思う。

質問：メグはケンに何を勧めましたか。

3 (1) disagree with～で「～に反対する」。

(2) get married は「結婚する」。after の後なので getting と動詞の -ing 形にすることに注意。

(3) 《ミス注意！》spending time（時間をかけること）が主語になっていることに注意。

4 (1) Why or why not? は「なぜそうするか，またはなぜそうしないか？」ということ。

(2) what you mean は「あなたが意味すること」。

5 (1) turn には「順番」という意味があり，It's your turn は「あなたの番だ」。Got it. は「わかった」。

(2) 《ミス注意！》I'm with（人）で，「（人）に賛成です」。ここでは agree を使うことはできない。

(3) be good at ～ は「～ が得意な」。You are right. は「あなたは正しい」，つまり「その通りです」。

6 (1) as you know は「あなた（たち）が知っている通り」という意味。

(2) There is more to ～は「～にはもっと多くの（意味が）ある」。

(4) Do you (all) think～? は，「あなたたちは（皆）～と考えますか」。think の後に that が省略されている。

(5) If we don't work は「もし働かなかったら」。

7 (1)「（人）に…してほしい」は want ～ to … で表す。

(2) 《ミス注意！》〈feel like＋動詞の -ing 形〉で「～しているように感じる」。この like は「～のように」という意味であることに注意。

(3)「反対する」は disagree で，「反対ではない」なので，これを否定にする。

8 (1)「～する理由」は〈reason to＋動詞の原形〉。

(2) 《ミス注意！》「いかに～か」は〈how＋形容詞＋主語＋is[are]〉の形で表す。主語を is[are] の後に置かないように注意。

Lesson 7 〜 Project ③

p.45 テスト対策問題

1 (1) ア (2) ア

2 (1) 可能な (2) 側 (3) ～をなくす，失う
(4) 食事 (5) 腐る (6) 価格 (7) waste
(8) research (9) prepare (10) cost

3 (1) take home (2) respond to
(3) pay for (4) That's all (5) even if
(6) difference between

4 (1) I strongly agree with your idea.
(2) Let's discuss[talk about] how to use a smartphone[smartphones] at school.

解説

1 (1) ビルの意見を聞き取ることがポイント。

♪ *A:* Do you think everyone should go to university, Bill?

B: No, I don't think so. For example, my father didn't go to university, but he has a good job which he enjoys.

Q: Does Bill think all people should go to university?

訳 A：みんなが大学に行くべきだと思いますか，ビル。

B：いや，そうは思わないよ。例えば，ぼくのお父さんは大学に行かなかったけど，自分が楽しめるすてきな仕事をしているよ。

質問：ビルはすべての人が大学に行くべきと考えていますか。

(2) ケンタの答えを正確に聞き取る。

♪ *A:* I'm going to ask for a doggy bag because I can't eat all my pizza. Do you want a doggy bag, too, Kenta?

B: Thank you, Louise, but I don't need one. I can eat all my pizza.

Q: Who wants a doggy bag?

訳 A：私，ピザを全部食べられないから持ち帰り用の袋を頼むつもりよ。あなたも袋が欲しい，ケンタ。

B：ありがとう，ルイーズ，でもぼくはいらないよ。ぼくはピザを全部食べられるよ。

質問：誰が持ち帰り用の袋を欲しがっていますか。

ポイント

効果的に使い分けよう！

should 〜するべき

would 〜だろう　could 〜する可能性がある

2 (5)spoil は「(何かが)だめになること」で，食べ物の場合は「腐る」。

(8)「調査をする人」は researcher「研究者」。

3 (2)respond to 〜と to がつく。

(5)「たとえ〜でも」は **even if**。

(6)「〜と…の間の違い」は **the difference between 〜 and …**で表す。

4 (1)**agree with 〜**で「〜に賛成する」。「強く」は strongly で表す。

p.46 〜 p.47　予想問題

1 イ

2 イ

3 (1)**disagrees**　(2)**declines**

4 (1)**solution to**　(2)**Over, yearly**

(3)**per day**

5 (1)**How / agree with**

(2)**should[must], need[have]**

(3)**were, would**

6 (1)**difference between**

(2)**discarded food that can be eaten**

(3)**preparing**

(4)**それは腐った保管食品も含みます。**

7 (1)**is necessary to introduce new rules**

(2)**research reports new results**

(3)**many people disagree with the idea**

(4)**same can be said about it**

8 (1)**You can take this video home and watch it.**

(2)**I'll pay for your lunch today.**

(3)**You don't have[need] to worry even if you can't answer this question.**

[Even if you can't answer this question, you don't have[need] to worry.]

(4)**According to the government, a lot of food is discarded in Japan.**

解説

1 アンが何についての物語を書いたか聞き取る。

A: Have you ever written a story, Anne?

B: Yes, I have. I've written stories about a little boy, a rabbit, and a car. How about you, Paul?

A: Actually, I'm writing one now. But creating new characters is so difficult! It would be cool if I could write stories like you.

Q: Which one shows the characters of Anne's stories?

訳 A：物語を書いたことがある，アン？

B：あるわ。幼い男の子と，ウサギと，自動車の物語を書いたことがあるわ。あなたはどう，ポール？

A：実はぼく，今物語を書いているところなんだ。でも新しい登場人物を創り出すのはとてもむずかしい！　きみのように物語を書けるとすごいのになあ。

質問：アンの物語に登場するものを示しているのはどれですか。

2 最初にリズが尋ねたことが，会話のテーマ。

A: We need to choose a topic for the discussion time. Do you have any good ideas, Koji?

B: Hmm ... How about discussing how to reduce plastic waste? Our school should do something about it. Do you agree, Liz?

A: Yes, I agree with you. Let's discuss it!

Q: What are they doing?

訳 A：ディスカッションタイムの話題を選ばないと。何かいい考えはある，コウジ？

B：うーん，プラスチック廃棄物（はいきぶつ）の減らし方についてディスカッションをするのはどうかな？　ぼくたちの学校はこれについて何かするべきだ。きみは賛成，リズ？

A：うん，あなたに賛成よ。それについてディスカッションをしよう！

質問：彼らは何をしていますか。

3 (1)**ミス注意！** doesn't like it は doesn't like her idea(彼女の考えが気に入らない)。

4 (1)solution to 〜は「〜の解決策」。

(2)yearly は「毎年」で，per year(1 年ごとに)でも同じ。

5 (1) his idea will cause some problems（彼の考えは問題を引き起こすだろう）とあるので，disagree（反対する）だと分かる。

(2) ⚠️ミス注意！ to があるので should ではなく need to～（～が必要である）を使う。

(3) **If they were ～**は「もしそれらが～だったら」。

6 (1)「～と…の間の違い」は difference between ～ and ...で表す。

(2) ⚠️ミス注意！ that can be eaten（食べることができる）が，discarded food（廃棄された食品<small>はいき</small>）を後ろから説明している。

(3) preparing food で「食品を準備する」。動詞の -ing 形で名詞を説明。

(4) that has spoiled（腐った）が stored food（保管食品）を説明している。

7 (1)〈**It is necessary to＋動詞の原形**〉で，「～することが必要である」。

(3)「～に反対している」は disagree with ～。

(4) ⚠️ミス注意！「言える」を **can be said** と受け身形にする。

8 (1)「持って帰って見る」は，take home（持って帰る）と watch（見る）を分けて考える。

(2) pay for ～は「～を支払う」。

(4)「～によると」は **according to ～**。food（食べ物）は数えられないので，many ではなく a lot of を使う。

Reading ②

p.49 テスト対策問題

1 (1)イ　(2)ア

2 (1)祈り　(2)記念の　(3)爆弾　(4)決心
(5)重大さ　(6)確かに　(7)**wealth**　(8)**fact**
(9)**strength**　(10)**realize**

3 (1)**in, instance**　(2)**takes, to**
(3)**brought up**　(4)**help, finish**
(5)**dropped, on**　(6)**recovered from**

4 (1)**The〔That〕 video shows us how they live there.**
(2)**Beth was the first person that〔who〕 arrived there.**
(3)**This story is based on the experience of the family.**

✍️解説

1 (1)「どの人物」が何を「学校生活で一番大切なもの」と言っているか聞き取ることがポイント。

🎵 *A:* What is the most important thing in your school life, Lucy?
　B: For me, it's friendship. I have many good friends, and they always make me realize important things. How about you, Satoru?
　A: I agree with you, Lucy!
　Q: What is the most important thing at school for Satoru?

訳 A：きみにとって学校生活で一番大切なものは何ですか，ルーシー。
　B：私にとっては友情です。私は友達がたくさんいますが，彼らはいつも私に大切なことを実感させてくれます。あなたはどうですか，サトル。
　A：ぼくもきみに賛成です，ル　シー！
　質問：サトルにとって学校で一番大切なものは何ですか。

(2)カズコの質問にサムがどう答えているかに注意。

🎵 *A:* What are you reading, Kazuko?
　B: It's about a famous scientist called Newton. Have you heard of him, Sam?
　A: Of course. But I don't know much about him.
　B: Well, in that case, you should read this book, too!
　Q: Has Sam heard of Newton?

訳 A：何を読んでいるの，カズコ。
　B：これはニュートンという有名な科学者に関するものよ。彼のことを聞いたことがありますか，サム。
　A：もちろん。でも，よくは知らないんだ。
　B：ああ，それなら，あなたもこの本を読むべきよ！
　質問：サムはニュートンのことを聞いたことがありますか。

2 (1)pray が「祈る」で prayer が「祈り」。

(2)Peace Memorial Park で「平和記念公園」。

3 (2)〈**take＋（人）＋to ～**〉で「（人）を～へ連れ

ていく」。

(4) ⟨ミス注意!⟩〈help＋（人）＋動詞の原形〉で「（人）が～するのを助ける」。動詞を原形にする。

(6) recover from ～は「（病気や事故など）から立ち直る」という意味。

4 (2) ⟨ミス注意!⟩「～した最初の人」は the first person that[who] ～で表す。

ポイント
bring up（～を育てる），in an instant（一瞬にして）といった語句を確実におぼえよう。

p.50 ～ p.51 予想問題

1 ウ

2 エ

3 (1)involved, including　(2)basic to

(3)Nearly[Almost], chance

(4)Recovering from

4 (1)survived　(2)of, age

(3)carried, with　(4)most used

5 (1)the first sitting U.S. President to do so

(2)made a speech　(3)like this

(4)そのスピーチは，私が平和の重大さを再度実感するのに役立ちました。

(5)himself

6 (1)I was shocked at the picture

(2)determined to solve the problem

(3)terrible fire destroyed the town

7 (1)The company calls itself the biggest car company in the world.

(2)He entrusted that[the] important work to his son.

解説

1 バスが運行していないため，代わりの手段を示していることに注意。

A: Excuse me, does this bus go to the museum?

B: I'm sorry, this bus is not in service. But you can go there by train or taxi.

A: I see. How about walking?

B: Well, it's possible but it'll take about 30 minutes.

Q: How can the boy get to the museum?

訳 A：すみません，このバスは美術館に行きま

すか？

B：申し訳ないですが，このバスは今運行していません。でも，電車かタクシーでそこに行けますよ。

A：そうですか。歩くのはどうですか？

B：うーん，可能ですが，約30分かかるでしょう。

質問：少年はどうやって美術館に行くことができますか？

2 good athlete（優れた運動選手）は，good at sports（スポーツが得意）と同じこと

A: Lucy, as you have so many medals, you are surely a very good athlete. Are your parents good at sports, too?

B: Actually, they aren't. But amazingly, my sister and brother are also good athletes.

A: Wow, how did that happen?

Q: Who is good at sports in Lucy's family?

訳 A：ルーシー，きみはとてもたくさんのメダルを持っているから，確かにとても優れた運動選手なんだね。ご両親もスポーツが得意なの？

B：実は，両親はちがうの。でも，驚くべきことに，私の姉も兄も優れた運動選手なの。

A：うわあ，どうしてそうなったんだろう？

質問：ルーシーの家族でスポーツが得意なのは誰ですか？

3 (1)including my parents（私の両親を含む）が many people を説明している。

(3) ⟨ミス注意!⟩ nearly は「ほとんど」という副詞。ここでは about などは使えない。

(4)Recovering from the disaster（災害から回復すること）が主語。

4 (2)of my age で「私の年の」，つまり「私と同じ年の」ということ。

(3)carry on with ～で「～をがんばり通す」。

(4)the most used で「最も使われている」。

5 (1)sitting はこの場合「座っている」ではなく「現職の」という意味。

(3)like this は「このように」。

(4) ⚠️ミス注意! 〈help＋（人）＋動詞の原形〉で「（人）が～するのを助ける，役立つ」。

6 (1) be shocked at ～で「～にショックを受ける」。

(2) ⚠️ミス注意! determine to ～は「～する決意をする」。to の後に動詞の原形 solve が来る。

7 (1) itself は「それ自身・自体」を表す代名詞。

(2) entrust ～to ... は「～を…に委ねる」。

Further Reading ①②

p.53 ┃テスト対策問題

1 (1) イ (2) ウ

2 (1) 罰する (2) ひどい (3) しぶしぶ
(4) 飛び級する (5) 飛行 (6) 信頼 (7) joy
(8) pretend (9) graduate (10) calculate

3 (1) free to (2) wonder if
(3) get, chance (4) count[rely] on
(5) kept walking (6) headed to

4 (1) Please don't get angry at me.
(2) Everyone laughed at her.
(3) He graduated from high school this year.

📝解説

1 (1) メグミが何と答えているか聞き取る。

🎵 *A:* Akira and I have decided to watch a movie on Sunday. Would you like to join us, Megumi?

B: I'm sorry, Tom. I can't because my mother is angry at me. I pretended to study, but, in fact, I was playing computer games. So I have to study.

A: Oh, no!

Q: What is Megumi going to do on Sunday?

訳 A：アキラとぼくは日曜日映画を見ることに決めたよ。きみもぼくたちといっしょに行きたい，メグミ？

B：ごめんなさい，トム。お母さんが私のことを怒っているから行けないわ。私，勉強するふりをしていたけど，実際はコンピューターゲームをしていたの。だから勉強しなくちゃ。

A：なんてこと！

質問：メグミは日曜日に何をするつもりですか。

(2) マイクの兄がカナダでしていることを聞き取る。

🎵 *A:* Mike, is this young man in this picture your brother?

B: Yes, he is my brother Sam. He was offered a job in Canada when he graduated from university last year, so he lives there now.

A: That sounds great. What did he major in?

B: He majored in mathematics, and he is now a researcher.

Q: What does Mike's brother do in Canada?

訳 A：この写真のこの若い男性はあなたのお兄さんなの，マイク。

B：うん，ぼくの兄のサムだよ。彼は昨年大学を卒業したときにカナダで仕事を得て，だから，今そこに住んでいるんだよ。

A：それはすごいね。お兄さんは何を専攻したの。

B：彼は数学を専攻して，今は研究者だよ。

質問：マイクのお兄さんはカナダで何をしていますか。

2 (4) skip first grade（1 年を飛び級する）のように使う。

(6) have faith in（人）で「（人）を信頼する」。

3 (2) wonder if ～で「～かなと思う」。
(5) 〈keep＋動詞の -ing 形〉で「～し続ける」。

4 (1) Please～の文。get angry at ～は「～に腹を立てる」。

(3) graduate from～と，from を使う。

p.54 ～ p.55 ┃予想問題

1 エ

2 イ

3 (1) decided to (2) let, try
(3) laughed at (4) again, again

4 (1) 私の両親はびっくりした顔をしてそこに立っていました。

(2) 彼らはしぶしぶと彼女を手伝うことに賛成しました。

(3) 彼は医者のふりをしましたが，警察官はそれが本当ではないことを知っていました。

(4)彼は好奇心を示し，彼らにそれについて何度も質問しました。

5 (1)paint as fast as possible　(2)for
(3)wondered if
(4)彼はポケットに，あげられるような面白いものは何も持っていませんでした
(5)彼はすばらしい考えを思いつきました

6 (1)got a chance to see the actor
(2)sang and danced the whole night
(3)want my garden to be beautiful

7 (1)Please don't play the piano while I'm studying.
(2)I stopped to look at the map.
(3)You are free to tell your opinion.

解説

1 今週何をしていたか，ジョーの説明を聞き取る。

♪ *A:* Joe, you look busy. What are you writing?
B: I'm writing a report about a book. I have to finish it by the end of this week, but I haven't had a chance to finish it.
A: Have you been busy this week because of the tennis game?
B: No, I was cleaning the beach as a volunteer.
Q: What was Joe doing before writing the report?

訳 A：ジョー，忙しそうだね。何を書いているの。
B：ある本についてのレポートを書いているんだ。今週末までに終わらせないとならないのだけど，終わらせる機会がなかったんだよ。
A：今週はテニスの試合でずっと忙しかったの？
B：いいや，ボランティアとしてビーチの掃除をしていたんだ。
質問：ジョーはレポートを書く前に何をしていましたか？

2 ユカがローズについて言ったことを聞き取る。

♪ *A:* Yuka, I wonder if you remember Rose. She came to visit me yesterday. I was very surprised!

B: Yes, she was one of my classmates but moved to another school. She was always very curious and so was often in trouble. What's she like now?
A: She hasn't changed!
Q: What did Yuka say about Rose?

訳 A：ユカ，きみはローズのことを覚えているかな。彼女，昨日訪ねてきたよ。すごくびっくりした！
B：ええ，彼女は私のクラスメイトの１人だったけれど転校したの。いつも好奇心が強くて，よく面倒に巻き込まれていたわ。彼女，今はどう？
A：彼女は変わっていなかったよ！
質問：ユカはローズについてなんと言いましたか？

3 (2)let ~ try は「~に試させる」という意味。
(3) ⚠ミス注意! 「~をばかにして笑う」は laugh at ~。at を使うことに注意。

4 (1)with a surprised look は「びっくりした顔をして」。surprised は「びっくりした，驚いた」。
(2)agree は「賛成する」，reluctantly は「しぶしぶ」。
(3)pretend to be ~は「~のふりをする」。
(4)became curious で「好奇心を示した」。

5 (1)as ~ as possible は「できるだけ~に」。
(2)laugh at me for working は「仕事をしているので私を笑う」，to do the work for him は「彼のために仕事をする」。
(4)didn't have anything interesting で「面白いものを何も持っていなかった」, to give で「あげるための，あげられるような」。
(5) ⚠ミス注意! idea came to him は「考えが彼に来た」，つまり「考えを思いついた」ということ。

6 (1)get a chance to ~は「~する機会をつかむ」。
(2)the whole night は「一晩中」。
(3)want ~to be ...で「~に…であってほしい」。

7 (1)「~のあいだ」は while。when は「~のとき」。
(2)stop to ~は「~するために立ち止まる」。〈stop＋動詞の ing 形〉だと，「~することをやめる」。
(3)be free to tell で「自由に述べることができる」。can は使わなくてよい。

1 ウ

2 ウ

3 (1)as, ever (2)on board (3)lifted off
(4)the meantime

4 (1)Working as (2)faith in
(3)headed to (4)invited[offered] to

5 (1)was offered a job as
(2)Research mathematicians were called "computers"
(3)彼らの仕事は数字を計算することでした
(4)work on (5)or

6 (1)astronaut was sent to space
(2)is not his only accomplishment
(3)child took his first step

7 (1)I hope to find a job related to animals.
(2) He skipped two grades because he was very smart.
(3)She kept asking if she could participate in the discussions.

〔解説〕

1 トシコが何をしたいと言っているかに注意。

♪ A: What are you reading, Toshiko?
B: This is a book about scientists. Their job was to make a new robot.
A: Oh, do you want to be a scientist who makes robots? I thought you wanted to be a singer.
B: No, Jim. I like science, history, and music, but I want to major in English and become an English teacher.
Q: What does Toshiko want to do in the future?

訳 A：何を読んでいるの，トシコ？
B：これは，科学者たちについての本なの。彼らの仕事は新しいロボットを作ることだったのよ。
A：ああ，ロボットを作る科学者になりたいの？ ぼくは，きみは歌手になりたいのかと思ったよ。
B：いいえ，ジム。私は科学，歴史，それに音楽が好きだけど，英語を専攻して英語

の教師になりたいの。
質問：トシコが将来やりたいことは何ですか。

2 Actually（実は）の後に言っていることに注意。

♪ A: Ryota, you are very good at math. Are you going to be a mathematician in the future?
B: Well, I like math, but I've never thought about becoming a mathematician. Actually, I may major in Japanese history.
A: Oh, I'm so bad at history. I can't remember all dates.
Q: What does Ryota think about his future?

訳 A：リョウタ，あなたは数学が得意だよね。将来数学者になるつもり？
B：うーん，ぼく数学は好きだけど，数学者になることは考えたことがないなあ。実は，ぼく，日本史を専攻するかもしれない。
A：ああ，私は歴史がとても苦手なのよ。年代を全部覚えることはできないわ。
質問：リョウタは自分の将来についてどのように考えていますか？

3 (1)⚡ミス注意! as 〜 as ever で「今までと同じように〜」。ever の位置に注意。
(3)lift off は「離陸する」。
(4)meantime は「その間」で，in the meantime（その間に）と使われる。

4 (1)work as 〜は「〜として働く」。
(2)rely on 〜も have a faith in 〜も「〜を信頼する」という意味。
(3)leave for 〜も head to 〜も，「〜に向けて出発する」。
(4)be offered a job は「仕事を提供される」，be invited to 〜は「〜するよう招かれる」。

5 (2)⚡ミス注意! 〈call+（人）〜〉（人を〜と呼ぶ）を受け身形にすると，〈（人）is called 〜〉。
(3)〈〜 is to+動詞の原形〉は，「〜は…することである」。
(4)work on 〜は「〜に取り組む」。
(5)この or は「すなわち」という意味。

6 (1)send 〜 to …は「〜を…に送り出す」。
(2)⚡ミス注意!「彼の唯一の業績」は his only

accomplishment.「それは～ではない」なので,
That is not で始める。

7 (1)「～に関連した」は **related to ～**。

(2) skip two grades で「2 学年飛び級する」。

Further Reading ③④

p.59 テスト対策問題

1 (1)ウ (2)ア

2 (1)～から逃げる (2)政治的な (3)親類
(4)苦難 (5)礼儀正しい(れいぎ) (6)ろう獄(ごく)
(7)**laborer** (8)**company** (9)**education**
(10)**bravely**

3 (1)**speak out** (2)**travel to**
(3)**more, more** (4)**named, after**
(5)**right back** (6)**than anything**

4 (1)**You might[may] think (that) the truth is not clear.**
(2)**We should see the reality with our eyes.**
(3)**He was the only person that[who] tackled the problem.**

解説

1 (1)ベンの What's the problem? に対する答えが,忙しい理由となっていることに注意。

♪ *A:* Hi, Kayoko! I haven't seen you for a while. Are you well?
　B: Thank you, Ben. Yes, I'm well, but I'm very busy these days. I have little time to see my friends.
　A: What's the problem?
　B: I'm helping at my mother's bookstore. We have more than 100 customers every day!
　Q: Why is Kayoko busy?

訳 A：こんにちは,カヨコ! しばらく見かけなかったね。元気?
　B：ありがとう,ベン。ええ,私は元気だけど,このごろとても忙しいの。友達に会う時間がほとんどないわ。
　A：どうしたの?
　B：私,お母さんの本屋を手伝っているの。毎日 100 人以上のお客さんが来るのよ!
　質問：カヨコはなぜ忙しいのですか。

(2)コウジの Do you miss～? に対して Yes と答えていることから,リンダは「家族や友達に会えなくてさびしい」と分かる。

♪ *A:* How is your new life in Japan, Linda?
　B: It's going very well, thank you for asking, Koji.
　A: Do you miss your family and friends in the U.S.?
　B: Yes, I do, but now I have many new friends, so I'm not lonely!
　Q: What is Linda saying about her life in Japan?

訳 A：きみの日本での新しい生活はどうですか,リンダ。
　B：とってもうまく行っているわよ。聞いてくれてありがとう,コウジ。
　A：アメリカの家族や友達に会えなくてさびしいですか。
　B：ええ,そうね,でも,今は新しい友達がたくさんいるから,私は独りぼっちじゃないわ!
　質問：リンダは日本での生活についてなんと言っていますか。

2 (4) hard は「困難な」, hardship は「困難」。
(7) labor は「労働」, laborer は「労働者」。
(10)形容詞 brave(勇敢な)に ly が付いた副詞。

3 (4)〈**name＋(人)～after ...**〉で,「…にちなんで(人)を～と名付ける」。
(5)ここでの right は「まっすぐに」という意味。

4 (1)clear は「明らかな,はっきりした」
(2)「私たち」が主語なので,「自分たち」は our。
(3) ミス注意! the only person that[who] ～で,「～した唯一の人」となる。語順に注意。

p.60 ～ p.61 予想問題

1 イ,エ,オ

2 イ

3 (1)**part of** (2)**from, of**
(3)**together with** (4)**speak out**

4 (1)その若い俳優は人気のテレビ番組に登場しました。
(2)私たちが今日聞いた話は,私たちに重要な教訓を教えてくれました。

(3)私に言うことがあるなら，はっきり言ってください。

(4)あなたが英語を上達させたいのなら，毎日小さなステップを踏まなければなりません。

5 (1)クレイグは自分が答えることのできない多くの質問を尋ねられました　(2)who

(3)who had experience as forced laborers

(4)④from　⑤until

(5)how important FTC was

6 (1)invite you to try our products

(2)share the information you got

(3)figure shows the final results

7 (1)The behavior of the[that] stranger caught my eye.

[The[That] stranger's behavior caught my eye.]

(2)In many cases, listening to older people's opinions is a good thing.

解説

1 For example(たとえば)の後を聞き取る。

A: Akemi, have you read a book about children in poor countries? In many cases, they can't even go to school or have enough food to eat. I feel very sad.

B: I feel very sad, too. But I also feel we can do many things for them. For example, we can visit these countries as a volunteer and play sports with them or sing songs with them.

A: I agree with you, Akemi. We can also grow vegetables for people in poor countries.

B: We should share our ideas with our friends.

Q: What do they think they can do for people in poor countries?

訳 A：アケミ，貧しい国々の子どもたちについての本を読んだことがあるかい。多くの場合，学校に行くことさえも，食べものも十分にない。とても悲しい気持ちになるよ。

B：私もとても悲しい気持ちだわ。でも，私たちは彼らのために多くのことができるとも思うわ。例えば，ボランティアとしてこれらの国々を訪ねて，一緒にスポーツをやったり，歌を歌うことができるわ。

A：きみに賛成だよ，アケミ。ぼくたちはまた，貧しい国々の人々のために，野菜を育てることもできるね。

B：私たちの考えを，友達と共有すべきね。

質問：彼らは貧しい国々の人々のために何ができると考えていますか。

2 勝ち負けについての説明を聞き取る。

A: Yuzu, look at this figure. It shows the results of our baseball games this year.

B: This is interesting. Especially, these numbers catch my eye.

A: Yes, we had more wins than losses.

B: That sounds great!

Q: What does the figure show?

訳 A：ユズ，この図を見てごらん。これは今年のぼくたちの野球の試合の結果を示しているんだ。

B：これは面白い。特にこれらの数字が目を引くね。

A：そう，勝ちの方が負けよりも多いんだ。

B：それはすごいわ！

質問：図は何を示していますか。

3 (3) ✕ミス注意! together with ～で「～と一緒に」。

4 (2)teach us a lesson は「私たちに教訓を教える[与える]」。

5 (1)that he could not answer(彼が答えることができなかった)が many questions を説明。

(2)who had 以下が a young adult(若者)を説明。

(3)forced がここでは「強制された」という形容詞で，forced laborers で「強制された労働者」。

(5) ✕ミス注意! how important FTC was で「FTCがいかに大切であったか」。how important という語順と，was と過去形であることに注意。

6 (1)〈invite＋(人)＋to ～〉で「(人)に～することを勧める」。

(3)The figure shows ～で，「その図が～を示す」。

7 (2)in many cases は「多くの場合」。listening

to older people's opinions を主語にする。

1 ア

2 ウ

3 (1)was wrecked　(2)new to
(3)was going　(4)only, before

4 (1)an education　(2)enough, to
(3)first, to　(4)full of

5 (1)何千人もの人々が金を見つけるためカリフォルニアに行きました。
(2)**Manjiro didn't miss the chance.**
(3)③**In**　④**So**　(4)**go right back to**
(5)当時，日本の扉は他の国々に対して閉ざされていました

6 (1)**took the dog home with him**
(2)**captain didn't want him to come**
(3)**was sick during all this time**

7 (1)**He never gave up being a doctor.**
(2)**He has been working as a bridge between the two countries.**

解説

1 ポールの最後のセリフに注意。

🎵 *A:* Where are you and your family going this summer, Paul?

　B: We haven't decided yet. It's always difficult to decide, because I like mountains but my younger sister likes playing on a beach. Also, my parents like visiting cities among other things.

　A: That sounds really difficult!

　B: I know. But I think my parents are going to make my sister happy this summer. I will have to miss mountains again.

　Q: Where will Paul's family go in summer?

訳 A：あなたとあなたの家族は夏にどこに行く予定なの，ポール？

　B：まだ決めていないんだ。決めるのはいつも難しいんだよ。ぼくは山が好きだけど，妹はビーチで遊ぶのが好きだからね。それに両親はとりわけ都市を訪ねるのが好きなんだ。

A：それは本当に難しそうね！

B：そうなんだよ。でも，この夏は，両親は妹を喜ばせるつもりだと思うよ。ぼくはまた山を逃さないとならないことになるよ。

質問：夏にポールの家族はどこへ行くことになりそうですか？

2 Why did you decide to name her Millie? という質問に対する答えを聞き取る。

🎵 *A:* Grace, I heard you got a pet dog. You are very lucky! What's the dog's name?

　B: It's Millie.

　A: Why did you decide to name her Millie?

　B: She was named after my grandmother. Her name is Emily, but Millie was her nickname when she was young.

　Q: Why is Grace's pet dog called Millie?

訳 A：グレース，ペットのイヌをもらったんだって。とてもラッキーだね！イヌの名前はなんていうの？

B：ミリーよ。

A：どうしてミリーという名前にすることにしたの？

B：私のおばあさんにちなんで名付けたのよ。おばあさんの名前はエミリーだけど，ミリーは若いときのニックネームだったの。

質問：グレースのペットのイヌはなぜミリーと呼ばれるのですか。

3 (3) ✕ミス注意! 「～しようとしていた」なので，was going to と過去で表す。

(4) only は「ほんの，ただ～だけ」。

4 (2) enough ～to …は，「…するのに十分な～」。

(3) the first ～ to …で，「…する最初の～」。

5 (3)③ in about 70 days で「約70日後に」。

④ so は「それで」。

(5) ✕ミス注意! in those days は「当時，その頃」。「それらの時」としないように。

6 (1)「～を…と一緒に家に連れて帰る」は，**take ～ home with …**となる。

(3) during all this time は，「この間ずっと」。

7 (1)「あきらめる」は give up で表す。